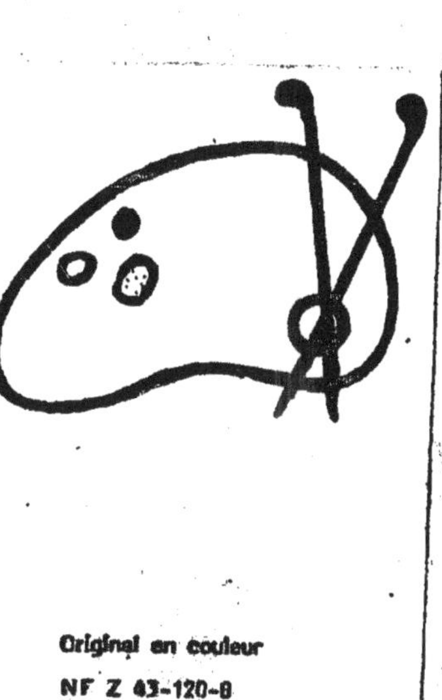

Original en couleur
NF Z 43-120-8

Couverture inférieure manquante

CHARLES LEGRAS

Chez nos Contemporains d'Angleterre

CHEZ NOS CONTEMPORAINS
D'ANGLETERRE

DU MÊME AUTEUR

A la Société d'Éditions Littéraires et Artistiques
(Librairie Paul Ollendorff) :

Terre d'Irlande, 2e édition. . . . . 3 fr. 50

A la Librairie Garnier Frères :

Dictionnaire de Slang et d'Expressions familières anglaises, nouvelle édition, 4e mille.

CHARLES LEGRAS

CHEZ NOS CONTEMPORAINS D'ANGLETERRE

PARIS
SOCIÉTÉ D'ÉDITIONS LITTÉRAIRES ET ARTISTIQUES
Librairie Paul Ollendorff
50, CHAUSSÉE D'ANTIN, 50

1901

PRÉFACE

En publiant ces esquisses littéraires, j'ai cru devoir respecter l'ordre suivant lequel elles ont paru dans le *Journal des Débats*. Il m'a semblé qu'en les écrivant, il s'était établi entre elles un lien discret qu'il valait mieux respecter. Donc après avoir « secoué les mains » d'un romancier, nous irons chez un historien pour fréquenter ensuite chez un poète.

Comme je désirais guider ceux de mes compatriotes qui cherchent à lire des livres anglais ayant du mérite littéraire, j'ai exclu de ma galerie les auteurs déjà très connus en France, tels M. Herbert Spencer, M. Kipling. Je n'ai pas non plus empiété sur le domaine du cousin Jonathan malgré la séduction d'écrivains comme Henry James et Mark Twain. En revanche on trouvera le portrait d'un Français, M. Max O'Rell, qui a beaucoup écrit dans les deux langues et dont on ne doit pas oublier dans sa patrie la physionomie originale et joyeuse. Et puis, dans le champ immense où je me suis promené, j'ai laissé partout des glanes opulentes.

Bien que très brèves, ces études sur les contemporains anglais paraîtront, j'espère, assez complètes. Elles supposent la lecture de toutes les œuvres importantes d'un écrivain et ne contiennent pas seulement les réflexions d'un « reviewer » après la lecture du livre qui vient de paraître. Comme mes auteurs sont pour la plupart inconnus en France, je me suis cru autorisé à faire précéder les études littéraires de portraits et de biographies.

Une connaissance sérieuse de la langue était nécessaire. Qu'il me soit permis d'indiquer comme référence, mon dictionnaire de Slang, c'est-à-dire d'argot anglais traduit en français, seul lexique de ce genre paru dans notre langue; — et aussi ma collaboration de deux années à la *Westminster Gazette*.

Mes appréciations relèvent plutôt du sentiment que du raisonnement et je me suis montré sincère jusqu'à la candeur. Tous les « Contemporains » que j'ai connus ou visités me rendront cette justice et j'espère que nul ne sera froissé de mes remarques. Si nous différons sur plus d'un point, c'est peut-être que nous ne sommes pas de la même race, et, comme dit Mardoche, « nous n'avons pas le crâne fait de même. »

C. L.

1er juin 1901.

CHEZ NOS CONTEMPORAINS
D'ANGLETERRE

GEORGE MEREDITH

Le grand romancier est aujourd'hui un vieil homme, qui habite à Boxhill (comté de Surrey), dans une solitude rarement troublée par ses innombrables admirateurs. Il y possède une petite maison collée au flanc d'une colline, et surmontée d'un jardin qui la couronne de feuillages et de fleurs. La ressemblance est frappante avec Dove Cottage, la maison de Wordsworth; mais il y manque l'adorable lac de Grasmere. En revanche on a planté abondamment des parterres de géraniums, semé des corbeilles de belles-dejour et fait courir des haies de lauriers taillés à la française. Quand nous entrons, M. Meredith soulève son grand corps hors d'un large fauteuil rembourré de coussins et s'appuie péniblement sur deux cannes, les mains convulsées et tremblantes : il est frappé d'ataxie comme le fut Daudet. Sur le front carré et très large tombe une couronne de cheveux coupés « à la chien »; le profil est très accentué, les yeux gris foncé, parfois voilés de tendresse. Il parle en ouvrant une bouche trop large et avec de grands gestes. Et cette silhouette du grand écrivain à la fin de sa carrière me semble celle qui s'harmonise le mieux avec ses œuvres longues, tourmentées, ataxiques et de haute allure tout de même.

Dans ces Charmettes M. Meredith est devenu un grand lecteur de notre littérature, et il est curieux de voir l'importance prise par la France chez un homme qui a fait son éducation en Allemagne. Il en est ainsi pour Pinero, George Moore, John Oliver Hobbes ;

qu'ils aient été élevés à Oxford ou à Cambridge, à Heidelberg ou à Bonn, presque tous les écrivains britanniques ont puisé aux sources vives de notre patrimoine littéraire. Et les grandes lignes de leur littérature pendant le XIXe siècle révèlent un parallélisme presque constant avec la nôtre : en partant du romantisme de Walter Scott n'aboutirions-nous pas au réalisme de George Moore, après avoir franchi à peu près les mêmes étapes que de George Sand à Maupassant ? Le style lui-même, d'abord simple et courant, de George Eliot, est devenu compliqué et affecté dans les derniers romans de M. Meredith ; de même qu'après les romans de George Sand, écrits sans recherche et même sans grand travail de forme, nous découvrons avec Flaubert, dans *Madame Bovary*, et avec les Goncourt, une nouvelle écriture artiste, qui, travaillée par Daudet et Anatole France, commence parfois à se tacher de préciosité chez M. Rostand.

Un petit trait montrera la puissance de la fascination franque : de tous ses personnages, M. Meredith, préfère une Française ; Renée de Croisnel, une des héroïnes de *la Carrière de Beauchamp*. « Si un Français venait à lui faire une déclaration », me dit-il en riant, « je le provoquerais aussitôt ! » Voilà un défi qui risque d'être relevé : jugez-en par ce portrait : « Ses traits avaient les douces irrégularités qui font l'éclat des beautés comme les rides dans l'eau balancent la lumière : bouche, yeux, sourcils, narines et joues en fleur se renvoyaient des reflets ; la pensée volait, la langue suivait et le feu des idées tremblait à la surface comme l'éclair dans la nuit. Plus souvent, pour être juste, la langue volait, la pensée suivait ; elle venait d'avoir dix-sept ans, et elle était Française. »

Peut-être que l'amour de M. Meredith pour notre pays s'accrut en raison de la froideur que lui témoignèrent d'abord ses compatriotes. Son premier livre, *Poèmes*, fut publié en 1851 ; son premier grand roman, *l'Epreuve de Richard Feverel*, qui est avec *l'Egoïste* son meilleur ouvrage, parut en 1859 ; mais durant près de trente années, toutes les fois que dans une conversation on prononçait le nom de George Meredith, les personnes qui avaient de la lecture ne manquaient pas de vous faire observer qu'il s'agissait sans doute d'Owen Meredith. Successivement *Evan Harrington*, *Modern Love*, *Sandra Belloni*, *Rhoda Fleming*, *Vittoria*, *les Aventures de Harry Richmond*, *la Carrière de Beauchamp*, autant de volumes de cinq cents pages bien tassées, parurent et disparurent sans intéresser d'autres lecteurs que « ce petit nombre de gens de goût » dont parle Voltaire. Enfin l'*Egoïste* fut publié en 1879. C'est le livre que M. Meredith considère comme son chef-d'œuvre et par lui il se fit connaître aux lecteurs d'Owen Meredith. Depuis ce temps les revues, les articles, les éloges, les critiques ne cessèrent de pleuvoir sur la personne et les œuvres du penseur de

Boxhill; chacune de ses productions, même les plus mauvaises, fut couronnée de roses et de lauriers : *Diana of the Crossways, Un de nos Conquérants, Lord Ormont and his Aminta* (1894), *The Amazing Marriage* (1895.)

* * *

Les sujets traités par M. Meredith révèlent une merveilleuse variété d'esprit. Il a écrit des poèmes où se trouve toute la gamme du lyrisme : il a publié des romans si divers qu'on n'en trouverait pas deux qui se puissent comparer. Avec *l'Egoïste* nous nous plongeons dans l'analyse psychologique la plus pénétrante; dans *Richard Feverel* nous passons tour à tour de la philosophie à la poésie et nous nous trouvons en face des plus graves problèmes de l'éducation; la politique apparaît dans *la Carrière de Beauchamp*, l'histoire dans *Vittoria*, le drame dans *Rhoda Fle-*

ming qu'il serait facile de transporter au théâtre.

Des types, très vivants, souvent admirables, fourmillent dans ces livres : l'égoïste sir Willoughby Patterne de Patterne Hall ; Adrien Harley, le sage jeune homme si plein d'un joyeux cynisme dans l'Epreuve de Richard Feverel, et sir Austin Feverel, et Harry Jocelyn et lord Palmet... Certaines peintures de femmes sont immortelles ; sinon la caricaturale Mrs. Berry, du moins des héroïnes comme Clara Middleton, Renée de Croisnel, Sandra Belloni dont l'auteur a toujours parlé, suivant sa belle expression, avec une timidité dans la voix (*a blush in the voice*). Il les a faites fortes et bien portantes, elles mangent bien et ne rougissent pas sans raison. « Une jeune fille qui ressemble à un jeune garçon » était la jeune fille idéale du père de Richard Feverel ; peut-être aussi de M. Meredith, qui estime faiblement la jeune fille sentimentale et lasse de l'époque Byronienne. Mais tout en saluant ces belles créations je remarquerai qu'il est bien plus facile de faire vivre un type en employant mille pages à nous le peindre au lieu de cinquante comme pour Alceste et Harpagon, ou deux cents comme pour le Chevalier Desgrieux et Manon. A force de nous montrer ses héros montant à cheval ou conduisant une contredanse, ou même prenant leur potage et disant : Comment vous portez-vous ce matin ? nous finissons bon gré mal gré par vivre de leur vie. Ajoutez qu'il faut au moins quinze jours pour lire consciencieusement l'*Egoïste* : comment pourrions-nous ne pas conserver le souvenir de sir Willoughby Patterne ? Il y a certainement beaucoup de ces personnages que nous nous rappelons à la manière de ces camarades sans grande originalité avec lesquels nous avons longtemps vécu côte à côte.

Malheureusement après avoir loué les sujets de ces romans, salué les types créés, nous trouvons un style bien inégal et une composition déplorable. Parfois nous serons ébloui par d'admirables peintures de paysages comme dans le chapitre de Richard Feverel intitulé. « Un intermède sur un sifflet de deux sons ». — « Le soleil descend sur la terre, et les » champs et les eaux l'acclament de leurs » voix d'or. Il vient et ses héraults courent » devant lui et touchent le vert tendre des » feuilles des chênes, des platanes et des » hêtres, et l'or rouge des pointes de sa» pins : ils laissent la trace de leurs pas » éclatants sur les talus herbeux où les or» gueilleuses digitales inclinent leurs clo» chettes... » Mais à côté de ces splendeurs, quelle chute profonde dans l'affectation et l'obscurité. Dans les derniers ouvrages surtout l'excès de travail a banni toute simplicité; presque chaque mot est chargé d'une métaphore, les images empiètent les unes sur les autres et la grammaire se remplit d'idiotismes. Voici le début de : *Un de nos conquérants* : « Un monsieur, remarquable par une

» physionomie animée et un gilet en harmo-
» nie avec elle, traversant le pont de Londres
» à midi par un orageux jour d'avril, fut pres-
» que magiquement délivré de sa lutte contre
» le vent par l'une de ces rusées pelures
» glissantes, abondantes dans ce passage des
» Halles, qui avait plus ou moins adroitement
» essayé le coup sur les piétons précédents
» et maintenant étalait celui-ci parmi la con-
» fusion des pieds... » Pareillement dans l'*E-
goïste*, on trouve à chaque instant des passages où la pensée se livre à des contorsions
de clown sur le tremplin. « Les femmes d'es-
» sences diverses, mélangeant le divin à ce
» qui se trouve considérablement au-dessous,
» n'entraient pas dans sa conception de la
» femme. Pour lui elles étaient ce qu'elles
» étaient lorsqu'on les avait façonnées au dé-
» but; beaucoup d'entre elles fêlées, beaucoup
» d'autres tachées; par ci par là un spécimen
» parfait conçu pour l'élite des hommes. Au
» moindre murmure du monde il leur fermait

» avec éclat la porte de la pruderie ; lui-même » les aurait flétries de la fleur de lys[1]. » Tout cela veut dire que sir Willoughby cherchait à épouser une femme parfaite, et se montrait impitoyable pour les moindres défauts. Oh, là, là, comme disait M. Jules Lemaître!

L'*Egoïste*, comme chef-d'œuvre de M. Meredith, mérite une analyse complète. Le livre débute par cent pages d'introduction et chacune d'elles dans l'édition Constable est plus longue qu'une page de la *Revue des Deux Mondes*. Ces préliminaires nous apprennent que sir Willoughby Patterne de Patterne Hall, l'*Egoïste*, a été fiancé à miss Durham qui l'a abandonné presque la veille du mariage pour épouser un certain capitaine Oxford. Willoughby fait alors la cour à miss Laetitia Dale et leurs rapports ressemblent à ceux d'un dieu et de son humble fidèle ; mais au moment de combler les vœux de la pauvre

1. Édition Constable. p. 109.

jeune fille par une demande en mariage le baronnet part brusquement pour un voyage de trois ans autour du monde. A son retour il est fiancé à Clara Middleton, une jeune fille de son rang qui possède à la fois santé, fortune, beauté. Ici commence le véritable sujet : Clara découvre peu à peu le caractère de son fiancé, lui rend sa parole et réclame la sienne ; mais Willoughby fait des efforts désespérés pour la retenir par crainte du ridicule et de l'ignominie d'un second abandon. Tout l'intérêt du livre se trouve dans cette situation originale et puissante : la lutte des deux fiancés. Sachez que sir Willoughby est intelligent, joli homme, gentleman accompli ; mais son monstrueux égoïsme et tous les défauts qu'il entraîne, orgueil, dureté de cœur, aveuglement, le précipitent vers les pires catastrophes. Sa fiancée espiègle et charmante porte les plus rudes coups à son amour-propre ; elle se compromet avec un brillant officier irlandais et finit par donner son cœur à Vernon

Whitford, un parent pauvre de Willoughby qui s'en servait comme régisseur. Les événements tournent si mal pour le pauvre *Egoïste* que nous le voyons pendant deux nuits aux pieds de Laetitia Dale, autrefois dédaignée, pour demander sa main et la supplier de ne pas le rendre la fable du comté où toute la société répéterait que sir Willoughby a été méprisé et abandonné par ses trois fiancées, dont l'une était pauvre et inférieure à son rang. Laetitia, l'ancienne adoratrice dont les yeux se sont ouverts sur les défauts de son idole, refuse d'abord et n'accepte à la fin que pour assurer le bien-être à la vieillesse de son père et après avoir fait passer l'héritier de Patterne Hall et de 500.000 livres de rente par les plus cruelles humiliations. Tel est cet admirable sujet, à la fois humain par les passions et les sentiments généraux, anglais par son cadre, ses mœurs, la peinture de la société.

Malheureusement la composition du livre

semble un défi au bon sens. L'art de la narration est complètement inconnu de M. Meredith. En général il écrit cinq pages quand une seule suffirait ; il se perd dans une multitude de détails sans intérêt ; fait intervenir à chaque instant la philosophie, la science et l'histoire, la mythologie et l'amphibologie, la dissertation et la divagation. Les conversations sont interminables et le plus souvent ne nous mènent à rien ; au contraire, elles arrêtent l'action, interrompent le récit ; par exemple le chapitre XXXV et les précédents avaient amoncelé les nuages entre Willoughby et sa fiancée, un bel orage montait à l'horizon ; mais soudain le chapitre XXXVI intitulé « Conversation animée à une table de lunch » m'intéresse moins que de savoir quelle était la plus longue des mains d'Artaxerxès. Comment ce peuple anglais, si pressé dans la vie, qui a trouvé la formule Times is Money, peut-il supporter de pareilles lenteurs? J'en trouvai l'explication un jour en voyant une belle lec trice dévorer en trois heures ce roman de l'*Egoïste* : ce n'est plus une lecture, c'est un rallye-paper !

Mais au moment de notre plus forte irritation, M. Meredith, nous enlève sur les hauteurs de son grand talent dans une série de chapitres admirables, comme ceux qu'il appelle : « Un pas vers le centre de l'Egoïsme. » « Au cœur de l'Egoïste. » « Minuit. » « Dr Middleton, Clara et Sir Willoughby. » Chose remarquable : le style même est changé ; il devient clair et rapide. Hélas, cette verve ne se maintient pas jusqu'à la fin du livre, et avant d'atteindre la dernière page, nous passons encore par plusieurs alternatives d'admiration et de dégoût, de ravissement et de colère.

On croira peut-être en France que ces longueurs et ces obscurités sont propres au génie anglo-saxon. C'est à peu près une erreur. Sans doute chez nos voisins les romans ne possèdent pas cette brièveté due au choix judicieux des détails qui fait la gloire incomparable des grands romans français ; mais on trouvera une grande différence d'allure entre l'Egoïste et les Puritains d'Ecosse de Walter Scott, les Woodlanders de Thomas Hardy, le Livre de la Jungle de Kipling. Quant au goût pour l'obscurité je sais une pierre de touche admirable pour l'apprécier. C'est le théâtre. Qu'un livre soit obscur, si par ailleurs il prouve de grandes qualités, aussitôt une foule de snobs et de snobinettes en feront leur évangile ; mais transportez le sujet sur la scène et vous saurez vite s'il est en harmonie avec l'esprit public. M. Meredith a tenté une fois l'expérience, sans engager son nom, je crois ; la pièce n'a pas vécu. Cependant on jouait la trois centième de la *Seconde Madame Tanqueray*, une pièce claire et bien composée d'Arthur Pinero [1].

1. Un des critiques les plus enthousiastes pour M. Meredith — je ne veux citer que ceux-là, — M. Le Gallienne, fait les réflexions suivantes : « M. Meredith

L'un des panégyristes les plus ardents de M. Meredith [1] reconnaît dans son auteur favori « une affectation d'étrangeté et une sorte de prestidigitation qui laisse le lecteur très perplexe, avec l'impression qu'on se moque de lui. » Cette appréciation ne s'adresse pas seulement au style, mais aux personnages humoristiques comme Mrs Berry, Tom Cogglesby, John Raiker. Ils sont parfaitement invraisemblables et depuis Rabelais nous

---

refuse carrément d'appeler les choses par leurs noms. Il semble même prendre un plaisir pervers à envelopper la simplicité des voiles les plus étranges qu'il puisse trouver sans doute pour étourdir son lecteur et l'irriter progressivement. Naturellement il ne se soucie guère de votre colère ; il s'en amuse... « Oh, par exemple, ceci est trop mauvais ? » vous écriez-vous et vous tournez brusquement la page suivante, puis une autre, cherchant votre chemin à tâtons. Quand vous serez au bout de vos forces abandonnez la partie et allez au théâtre. Le lendemain essayez de nouveau et vous trouverez que le brouillard s'éclaircit un peu, et vous commencerez à percevoir vaguement les personnages et les objets d'alentour.

1. Miss Hannah Lynch.

les avons perdus de vue dans la littérature française. L'esprit proprement dit, le *wit*, m'est aussi étranger que l'humour. Ainsi dans l'*Egoïste*, on nous présente avec pompe une certaine madame Mountstuart Jenkinson qui possède un esprit si pénétrant, si juste, si éblouissant « qu'elle pourrait faire marcher tout le pays à la baguette. » On nous prévient qu'elle va faire sur le jeune Willoughby un de ces mots qui s'attachent comme des flèches entre les épaules d'un homme, et nous nous attendons à une remarque comme celle-ci sur certain prince du sang fier de ses extrémités : « Un pied et une âme de demoiselle ! » ou si l'on veut quelque chose de plus caricatural on songera à l'observation de feu Albert Millaud sur Sarah Bernhardt au temps où elle était maigre : « Quand elle entre dans son bain l'eau baisse ! » Mrs Mountstuart voit sir Willoughby au moment où le héros conduit une contredanse, la grande dame ouvre la bouche, tout le monde se précipite pour recueillir sa parole..... elle a dit : « Vous voyez, il a de la jambe ! » Là-dessus M. Meredith se répand en vingt pages d'admiration; il a des considérations sur la cour de Charles Stuart, sur Buckingham et Rochester... je demeure confondu.

En politique M. Meredith est, paraît-il, un radical, ce qui, en Angleterre, suppose un esprit hardi. Maints passages de ses romans témoignent de cette philosophie sociale. Dans Evan Harrington, le gentleman Harry Jocelyn emprunte de l'argent à un marchand qu'il insulte avant de rembourser ; il se procure un certain nombre de bank-notes destinées à une pauvre fille qu'il a trahie et il les emploie à un tout autre objet. Les jeunes lords et les squires de sa compagnie se conduisent de la même façon. Certes nous n'aimerions pas à fréquenter chez la plupart des gentlemen et des peers de Richard Feverel. Dans Rhoda Fleming, M. Algernon Blancove pourrait prendre des leçons de savoir-vivre auprès des clerks de Lombard Street. Quant à sir Willoughby « il avait reçu l'éducation d'un prince. Les petits princes abondent dans un pays plein de richesses. Lorsqu'ils n'ont pas à fournir le service militaire à un maître impérial, ils deviennent forcément difficiles durant leur jeunesse, quelquefois intraitables, et comme ils ne sont liés par aucun devoir personnel vis-à-vis de l'Etat chacun vit pour soi-même... Parfois ce régime les énerve; mais seulement chez les nations continentales. Heureusement le climat d'Angleterre et le généreux sang saxon précipitent le plus grand nombre dans la chasse à courre où ils sont chargés d'assurer le service public de mener la meute à la poursuite du renard et de fortifier leurs précieuses santés. » Toutefois, il est intéressant de remarquer que ce radicalisme s'allie à un esprit joyeux et à une confiance absolue dans l'avenir : il n'y a pas d'écrivain plus optimiste.

Aujourd'hui l'œuvre est terminée, ou du moins M. Meredith n'ajoutera plus guère à sa tâche immense; on peut essayer de porter sur lui un jugement plus complet que sur ses autres contemporains. Or, je crois qu'un symbole le résume : la Victoire de Samothrace, cette statue sans tête, sans pieds et partout incomplète, mais d'une si grande allure et qui semble planer sur les hauteurs.

Bibliographie. — Poems, 1851; The Shaving of Shagpat, 1855; Farina, 1857; The Ordeal of Richard Feverel, 1859; Evan Harrington, 1861; Modern Love, and Poems of the English Roadside, 1862; Emilia in England, 1864 (aujourd'hui connu sous le nom de Sandra Belloni); Rhoda Fleming, 1865; Vittoria, 1866; The Adventures of Harry Richmond, 1871; Beauchamp's Career, 1875; The Egoist, 1879; The Tragic Comedians, 1880; Poems and Lyrics of the Joy of Earth, 1883; Diana of the Crossways, 1885; Ballads and Poems of Tragic Life, 1887; A Reading of Earth, 1888; One of our Conquerors, 1891; Empty Purse, 1892; Jump to Glory Jane, 1892; Lord Ormont and his Aminta, 1894; The Amazing Marriage, 1895; The Tale of Chloe; The House on the Beach; The Case of General Ople and Lady Camper, 1895; Comedy and the uses of the Comic Spirit, 1897.

M. MAX O'RELL

II

M. MAX O'RELL

Tout le monde a lu, — même en France — *John Bull et son Ile*, dont la traduction anglaise vient d'atteindre 270.000 exemplaires. C'est aussi un grand succès en chinois et en bengali. *Les filles de John Bull, les Chers Voisins, Chez l'ami Mac Donald, Jonathan et son Continent, les Succursales de la maison John Bull* ont continué le retentissant triomphe. Et l'auteur, malgré les apparences irlandaises de son nom, est un Français, M. Paul Blouët, chez qui j'allais faire visite, il y a quelques semaines, par un clair dimanche d'été.

Dans Acacia Road, auprès de Regent's Park, je heurte de coups précipités l'huis d'une petite maison entourée de jardins, tapissée à l'extérieur de plantes grimpantes et à l'intérieur de souvenirs : innombrables photographies d'amis, vues prises en Australie ou au Cap, bibelots rapportés d'Orient. — Voici le maître de maison : complètement le type du Français tel qu'on l'imagine en Angleterre. Peu de cheveux sur la tête, un grand nez busqué, des yeux bleus extrêmement clairs et très mobiles derrière le lorgnon ; — un peu de ventre. Joignez une main facilement offerte, un sourire qui voltige et une conversation originale où se cache toujours un grain de « blague » parisienne.

Comment s'est-il arrangé cette vie, notre habile, joyeux et pimpant compatriote ? Né en Bretagne en 1848, élevé à Paris, sous-lieutenant d'artillerie en 1869, il prit part à la grande guerre. Au début de la campagne, il eut la douleur de voir tomber à ses côtés, dans la charge qui termina la malheureuse journée de Wœrth, son meilleur ami, un jeune Polonais du nom de Gajeski. Peu de temps après, lui-même fut fait prisonnier à Sedan. Vous trouverez ces souvenirs dans une page émue de *John Bull junior*, un livre écrit directement en anglais. Huit mois plus tard, le 14 avril 1871, comme le jeune lieutenant, revenu de captivité, marchait avec son régiment à l'attaque du pont de Neuilly, cette formidable position où s'étaient retranchés les communards, un éclat d'obus lui enleva la moitié du bras droit. Après une longue convalescence il fut déclaré inapte au service et reçut la pension de réforme de lieutenant. « Juste assez, dit-il, pour payer mes cigares, si j'avais été fumeur. Mais, de cela je ne me plains pas : pauvre France, elle avait assez à payer ! »

On offrit bientôt à son activité deux positions : colonel dans l'armée d'Ismaël Pacha, ou correspondant à Londres d'un journal parisien. Paul Blouët consulta sa mère, qui ne comprit pas qu'un lieutenant réformé en France pût devenir tout à coup colonel actif en Egypte, et lui conseilla de partir pour Londres.

Les débuts en Angleterre, amusants et pénibles, furent remplis de vicissitudes, jusqu'au jour où l'ancien lieutenant fut nommé professeur de français au grand collège de Saint-Paul. Cette fois, la bataille de la vie était gagnée. De 1874 jusqu'à 1883 il mit, au jour le jour, dans ses tiroirs, ces notes si judicieuses et si humoristiques, qu'il réunit enfin en un volume : *John Bull et son Ile*. Le lendemain de la publication, Max O'Rell se réveillait riche et célèbre.

Et il est resté dans le pays où il avait refait sa vie ; il a épousé une charmante Anglaise qui a traduit tous ses ouvrages ; mais, d'année en année, ses visites et ses amis, hélas ! se sont faits plus rares en France ; enfin, sa mère est morte il y a quelques années :

il ne lui reste plus dans la patrie qu'une petite maison auprès d'Avranches... où il n'est pas allé depuis deux ans. L'anglais l'assiège et l'envahit de toutes parts : les mœurs, les idées, la langue elle-même qui se mêle toujours au français chez ceux qui ont vécu longtemps là-bas. Mais, baste ! grattez le vernis et vous retrouverez vite l'ancien *pipo*, bicorne au vent, sourire aux lèvres, qui descendait, le dimanche, dans le quartier latin : le cœur et la tête nous sont restés.

⁂

Les traits essentiels du talent de M. Max O'Rell me semblent l'observation, l'esprit, l'art de dire les choses sans blesser, le tout enveloppé dans notre verve nationale. L'observateur a su glaner, même après les admirables travaux de M. Taine, un nombre infini de remarques excellentes sur John Bull ou Mac Donald, et il a étendu le champ de son regard sur les Américains et les cousins des colonies. Je prétends qu'un étranger, qui débarque dans un pays sur lequel il a lu un livre de M. Max O'Rell, peut aussitôt se débrouiller au milieu des mœurs, des coutumes et de l'esprit : c'est un admirable guide. Pour l'esprit, on a souvent comparé notre compatriote à Mark Twain : même abondance de petites phrases vives [1] et malicieuses, mêmes remarques ingénieuses. Par exemple, Max O'Rell, se promenant dans les rues de Londres, lit ces mots sur les devantures des boutiques *fashionables* : « On parle ici français. » « On, remarque-t-il négligemment, on, pronom indéfini, désigne généralement la personne qui n'est pas là quand on a besoin d'elle ! » Mais, tout en plaisantant de la sorte, il dit de bonnes vérités à « nos chers voisins » ; je me

1. Chez Mark Twain ce sont des « propositions incidentes. »

garderai bien de les traduire ici en gros mots et je vous renvoie à ces livres charmants... si charmants que personne ne s'en est trouvé blessé. Les Français sont si adroits, *so clever, indeed!* — Après toutes ces qualités, si ces livres ne sont pas écrits dans une langue aussi séduisante que celle de Renan ou d'Anatole France, si les tournures anglaises les envahissent parfois (Cf. en particulier, le dernier volume : *les Succursales de la maison John Bull*), nous n'aurons pas le temps de nous en apercevoir.

Un grand talent de parole fait aussi de M. Max O'Rell un très brillant conférencier. Il y a deux mois, il a donné sa 1,584e conférence en anglais; il compte s'arrêter au chiffre rond de 2.000. Pour parler devant une table et un verre d'eau sucrée, il a parcouru toute l'Angleterre, toute l'Ecosse et est allé cinq fois en Amérique; enfin, un impresario l'a emmené en 1894 donner ses « représentations » autour du monde : au Canada, aux Etats-Unis, en

Australie, en Tasmanie, dans la Nouvelle-Zélande et au Cap de Bonne-Espérance. J'ai dit « représentations », car Max O'Rell ne lit pas ou ne récite pas des morceaux préparés, il improvise et il mime. Des journaux américains ont reproduit les instantanés de ses différentes attitudes : Max O'Rell levant un doigt vers le ciel et réfléchissant en regardant le sol, Max O'Rell et son verre d'eau, Max O'Rell et son lorgnon... Ce sont des physionomies succulentes et d'un relief merveilleux qu'il suffit de regarder pour éclater de rire. On devine là tout un poème d'ironie, une intelligence très fine et très alerte qui s'exprime dans une langue étrangère avec tout l'esprit que nous mettons souvent dans la nôtre.

En somme, dans tout l'empire britannique et partout où l'on parle l'anglais, chez les « terribles » Anglo-Saxons, M. Max O'Rell représente le Français. L'exemple est excellent. Tandis que beaucoup de nos compatriotes passent en étourdis dans le pays qu'ils visitent, sans étudier la langue, presque sans rien observer, tant ils sont occupés par leurs incessantes plaisanteries, Max O'Rell, avec ses livres et ses innombrables conférences, contrebalance cette fâcheuse impression, et c'est un peu grâce à lui que nous conservons notre bon renom d'urbanité et d'esprit.

Bibliographie. — John Bull et son Ile, 1883; French Oratory, 1883; Les filles de John Bull, 1884; Les Chers voisins, 1885; Drat the Boys! 1886; L'ami Macdonald, souvenirs anecdotiques de l'Ecosse, 1887; Jonathan et son Continent, 1889; Jacques Bonhomme 1890; Un Français en Amérique, 1891; John Bull junior, 1891; La Maison John Bull et Cie, 1894; Femme et Artiste, 1900; Sa Majesté l'Amour, un amusant volume d'humour sur le mariage en France, en Angleterre et en Amérique, 1901.

HAMILTON AÏDE

HAMILTON AÏDÉ

Si madame Sarah Bernhardt tient sa promesse, nous verrons jouer cet hiver un acte de psychologie très dramatique, sorti de la plume fine du plus mondain des écrivains anglais : M. Hamilton Aïdé [1]. Depuis la mort de Disraeli, on trouverait fort peu de gens du « high life » qui aient montré dans les lettres autre chose qu'un talent d'amateur. Chez nous

---

1. Madame Sarah Bernhardt a joué à Londres avec le plus grand succès, ce petit acte dont le manuscrit primitivement écrit en anglais, était intitulé : Beams in the Dark. Sans doute elle le donnera un jour à Paris.

ils abondent, d'Octave Feuillet jusqu'à M. Rostand ; là-bas, l'auteur de *Rita* et d'*un Poète du grand monde* fait exception.

On fait toujours la biographie d'un homme de bonne famille. Vers 1830, George Aïdé, le diplomate arménien, célèbre par la perfection de sa beauté grecque, fut tué dans un duel, auprès de Paris, par le marquis de Bourtel. Sa veuve était la fille de sir George Collier, dont le père s'illustra en détruisant la flotte américaine en 1777. Quelques mois après la mort tragique de son mari, elle donna le jour, à Paris, à un fils : Hamilton Aïdé. Une éducation en Angleterre, terminée à Bonn, le conduisit d'abord au 85e régiment dont les officiers étaient surnommés alors « les élégants extraits » ou « les jeunes daims ». En 1852, il se retira avec le grade de capitaine et se donna aux lettres.

Depuis *Rita*, un roman qui est une sorte d'autobiographie et qu'il publia en 1859, jusqu'aux *Prétendants d'Elizabeth* parus en 1895, M. Aïdé est toujours demeuré l'un des « jeunes daims» d'autrefois. L'auteur n'a plus l'élégante tunique serrée à la taille, l'écharpe rouge en bandoulière et la grande épée qui sonne à chaque pas; mais on se le représente volontiers en habit noir, — cet éternel habit noir qui joue un si grand rôle dans la vie anglaise ; les cheveux sont bouclés naturellement, la barbe très soignée, les traits fins et harmonieux. Il parle avec la politesse raffinée des manières, l'appareil convenu des habitudes mondaines, et avec beaucoup d'esprit, mais seulement celui qui est de bon ton. Dans ses romans, il vous présentera surtout des gentlemen : des lords comme Athelstone, dans *un Poète du grand monde*, des millionnaires américains comme Jem Gunning, dans *un Voyage de découvertes*; des officiers des gardes, et vous apprécierez les élégants cadets des Life Guards, des Dragoon Guards, des Coldstream Guards. Nous apercevons bien quelquefois des personnages louches : des rapins, des cabotins ou des poètes décadents, mais l'étiquette d'artistes, collée sur leur dos, les relève à nos yeux et nous permet de frayer avec cette bohème. Ne se trouve-t-il jamais des gens du peuple ? Rarement ; quelques domestiques ou des personnages épisodiques comme la mère de Nellie Dawson, dans *Poet and Peer*.

Un écrivain du grand monde connaît bien la femme et la peint avec amour, grâce et délicatesse. Et, certes, ses héroïnes nous regardent longuement ; elles nous tiennent, nous hantent. C'est lady Muirhead avec ses yeux bleus et ses mains pâles ; c'est Nellie Dawson avec sa grâce tremblotante de muguet des bois et cette curieuse Elizabeth Shaw, à laquelle il ne manque que l'amour pour devenir une beauté éclatante. Elles n'appartiennent point à une même famille : les unes, dominées par les nerfs, sont étranges, capricieuses, ignorantes d'elles-mêmes, emportées à la dérive par leurs sentiments comme l'héroïne du *Mystère du rocher* ; les autres semblent plutôt des « cérébrales » comme cette pédante madame de Waldeck qui est, par surcroît, une intrigante fieffée ; vous en trouverez aussi de tendres et sentimentales, telle cette pauvre Nellie Dawson, qui meurt dans une sorte de demi-suicide pour arracher l'homme qu'elle aime à de funestes influences morales.

Les paysages de ces romans ne nous montreront pas seulement Londres ou l'Ecosse, mais la France, Florence, l'Orient ou l'Amérique, comme il convient chez un écrivain qui se promène en yacht sur la Méditerranée et passe l'hiver en Italie, en Grèce, en Egypte, ou voyage avec Stanley aux Etats-Unis. Ce cosmopolitisme élégant nous vaudra des remarques fines sur les mœurs, des aperçus rapides sur la littérature, la musique et la peinture dans les divers pays. « M. Baring était considéré comme un des peintres les plus importants de la jeune école américaine. Elizabeth demanda en quoi elle consistait. On lui répondit que c'étaient généralement des impressionnistes... Leur travail était curieux, mais on ne pouvait dire qu'il fût bon. Un des tableaux représentait le dos d'une jeune fille qui semblait vu à travers un brouillard avec des ombres de violet et de vert très crues. Bientôt le modèle arriva. Mon Dieu, le dos ne paraissait pas violet, ni vert : les yeux d'Elizabeth y voyaient au contraire, beaucoup de rouge et de jaune... »

Les principaux traits du style de M. Aïdé lui viennent encore de son excellente éducation. Ainsi il est un maître du dialogue. Les lecteurs, en général, ne s'imaginent guère l'extrême difficulté de faire parler les personnages dans les romans : M. Aïdé y a transporté sans effort son talent de conversation dans les salons et il se sent si maître de cette forme du récit qu'il en use largement ; souvent il supprime les dit-il, répondit-il ; il écrit bravement les noms des personnages et l'on croirait lire une comédie. Ailleurs je trouve un style souple, poli, bien tenu, généralement exempt de réalisme, plus fleuri que coloré, dont la seule et rare défaillance est quelquefois la banalité mondaine. Voici un exemple de cette faiblesse dans un portrait de jeune fille : « Sans doute peu de gens admiraient » Elizabeth dans la rue ; mais elle ne pou» vait pas manquer d'attirer l'attention, et » dans un salon, elle la retenait. » Observation courante et vraiment trop facile.

Vous serez peut-être tentés maintenant d'appeler M. Aïdé un romancier. Or, pour beaucoup de gens, il est surtout un compositeur ou un peintre, et, pour d'autres, un poète ou un dramaturge. Cet homme merveilleusement doué réunit tous les genres de talent. Il a composé *the Danube River* et *Remember or forget*, qui ont été joués et chantés dans tout le monde britannique et firent la fortune des éditeurs. Tous les ans, il expose quelques œuvres à la Royal Academy, le Salon de Londres, et les murs d'Ascot Wood Cottage sont couverts de délicieuses aquarelles qui rappellent Killarney, l'Alhambra, des paysages de Dalmatie ou de Grèce. Les deux premiers livres de M. Aïdé contenaient des vers : *Poems* et *Eleonore and other Poems* ; son roman *Poet and Peer*, traduit par madame Bentzon et publié dans la *Revue des Deux Mondes*, sous le titre : *un Poète du grand monde*, est illustré de nombreuses poésies. Le dramaturge a fait jouer *Philip* par sir Irving ; *a Nine Days Wonder, une Merveille d'un jour*, par les Kendal, et *Incognito*, par M. Tree ; il a aussi adapté plusieurs pièces françaises. Je n'ai vu jouer aucune de ces œuvres, mais à la lecture elles m'ont paru révéler un talent technique remarquable : les différentes parties sont habilement disposées et les principales scènes bien en vue.

Cette variété dans le travail suppose sans doute la réunion de bien des facultés, mais surtout une riche imagination. C'est, je crois, le trait saillant de ce charmant esprit. Je l'ai pensé en feuilletant le soir, à Ascot Wood

Cottage, la charmante villa de M. Aïdé, un des albums qu'il remplit d'aquarelles faites sans prétention, pendant les heures de désœuvrement. C'est un document précieux, une sorte de sténographie artistique de ses imaginations fugitives : vieux châteaux dressés dans la nuit, sous la lune, avec le vent du Nord qui rôde alentour et un chevalier égaré qui sonne du cor devant le pont-levis relevé ; dames d'Avenel au bord des claires fontaines et des buissons de houx ; gondoles et barcarolles sur les flots bleus ; une nuit criblée d'étoiles dans le patio des Lions à l'Alhambra ; et, debout, dans le désert, les grands dieux immobiles de l'Egypte. Beaucoup de la poésie du Nord et beaucoup de celle de l'Orient : n'est-ce pas assez pour nous plaire et se faire aimer ?

BIBLIOGRAPHIE. — Poems, 1854 ; Eleonore and other poems, 1856 ; Rita, 1859 ; Confidences ; Carr of Carlyon, 1862 ; M^r^ and Mrs Faulconbridge, 1864 ; In that State of Life ; Introduced to Society ; The Marstons, 1868 ; Poet and Peer ; Morals and Mysteries,

1872 ; A voyage of Discovery ; Penruddocke, 1873 ; Elizabeth's Pretenders. The Cliff Mystery. — Comme auteur dramatique M. Aïdé a produit Philip, joué par Sir H. Irving, 1872 ; A Nine Days Wonder, joué par les Kendal et John Hare ; Incognito joué par Tree ; Beams int the Dark, joué par Sarah Bernhardt.

JOHN OLIVER HOBBES

JOHN OLIVER HOBBES

La littérature anglaise a vu naître pendant ces dernières années tout un collège de femmes de lettres. Deux de ses membres viennent de mourir : Mrs Oliphant et Mrs Lynn Lynton ; mais il nous reste : Mmes E. Braddon, Humphrey Ward, Ouida, Marie Corelli, Sarah Grand, Olive Schreiner et, entre les plus jeunes et les plus séduisantes, Pearl Mary Craigie, qui signe John Oliver Hobbes.

Mrs Craigie est née à Boston, en 18.. ; il n'y a pas longtemps. Vous savez que chaque enfant de Boston, la ville la plus littéraire et la plus artistique des Etats-Unis, reçoit dès son berceau la protection particulière de l'une des Muses et ne manque pas de s'en servir sur le marché des beaux-arts avec une énergie tout américaine. Aussi, dès l'âge de vingt-deux ans, Mrs Craigie a publié *Quelques Emotions et une Morale*, son premier roman, dont il a été vendu 80.000 exemplaires; puis *Une Etude de Tentations*, un volume de contes; *les Dieux, Quelques Mortels et lord Wickenham*; enfin, cette année, *l'Ecole des saints*. Un proverbe, dans le genre de ceux de Musset, *les Voyages finissent toujours par la rencontre des amoureux*, fut joué par Ellen Terry en 1894, et une comédie en quatre actes, *l'Ambassadeur*, a été représentée, par M. G. Alexander et la charmante Miss Fay Davis, une Bostonienne, elle aussi, qui deviendra peut-être la Réjane anglaise. L'année prochaine, nous verrons encore sur la scène du Saint-James : *un Repentir*, drame tiré du soulèvement carliste en 1875. Entre temps, Mrs Craigie s'est mariée, a donné le jour à un fils, puis a obtenu le divorce contre son mari : voilà une vie bien employée.

Les titres des romans de John Oliver Hobbes ne nous renseignent que médiocrement. *Quelques Emotions et une Morale* est l'histoire de deux ménages : un jeune savant, Provence Godfrey, aime la fille d'un recteur, Cynthia Heathcotte, qui, de son côté, flirte volontiers avec lui. Mais, après un malentendu d'amoureux, le jeune homme épouse Miss Grace Hemingway et la fille du recteur accorde sa main à Edward Cargill. Les deux ménages ne vivent pas heureux, et, après la mort fortuite d'Eward Cargill, Cynthia se décide à voyager sur le continent pour échapper à la passion de Provence, tandis qu'un personnage épisodique, l'avocat G. Golightly, se suicide au moment où il va enlever la femme de Provence. Voilà bien quelques émotions. Où est la morale ? Sans doute, il vaut mieux, dans le mariage, suivre les inclinations du cœur ; mais ce n'est pas cette vérité banale qui fit le succès du livre.

— Dans *les Dieux, quelques Mortels et lord Wickenham,* je découvre bien des mortels, comme le docteur Warre, qui commet la seule faute de sa vie en épousant une fille Anne Passer, ou comme Algernon Dane, l'un des amants de cette fille ; je vois encore lord Wickenham, cet excellent donneur de conseils, qui finit par épouser une perle d'Italienne, Allegra Vendramini ; mais où sont les dieux ? Dans *l'Ecole des saints,* trois personnages, Robert Orange M. P., lady Fitz Rewes et madame Parflete approchent peut-être de la sainteté sans y tomber toutefois. Je dis « tomber », parce que rien n'est plus embarrassant qu'un saint fourvoyé parmi des personnages de roman. De grandes discussions philosophiques et religieuses, des conversations sur le « catholicisme romain », qui doivent intéresser en Angleterre, forment à ce livre un cadre austère avec pilastres droits qui se profilent sans ornement. Mais est-ce que le titre *l'Ecole des saints* est bien justifié ?

Tous les romans de John Oliver Hobbes devraient porter des noms de femmes, car c'est à elles qu'ils empruntent leur charme le plus pénétrant. J'aime surtout Cynthia, Anne Passer et l'héroïne de l'ambassadeur. Extérieurement, elles semblent pleines de force et de santé : « Miss Passer était grande, avec des épaules superbes et un sein tumultueux; elle ne portait aucun bijou ni le moindre ornement; elle avait l'air béat de ces bonshommes primitifs qui sont tout nus et ne connaissent pas la pudeur. Ses yeux rayonnants montraient le vide délicieux et la glorieuse couleur du bleu ciel d'Italie... » En réalité elles sont des nerveuses, presque des détraquées. Voyez la légèreté avec laquelle Cynthia abandonne Provence pour épouser un homme qu'elle n'aime pas; sa conduite étrange après son deuil et les catastrophes qu'elle n'évite que par un exil volontaire. De même, dès que Anne Passer a épousé le docteur Warre, elle se montre une coquette nerveuse et sentimentale, pleine d'admiration, d'affection et aussi de dédain pour son mari : elle est extrêmement compliquée. Que de caprices, que de changements d'humeur, quelles étranges confessions à son mari : elle n'en paraît que plus charmante, mais d'un charme pervers. Son catholicisme un peu dépravé, mélange bizarre de sensualité et de mysticisme, que nous retrouvons à des degrés divers chez d'autres personnages de J. Oliver Hobbes ajoute un dernier trait bien rare en Angleterre. Croix, médaillons et chapelets miroitent dans des scènes assez vives, l'esprit d'analyse persiste au milieu des sensations les plus fortes et en augmentent la malice. Ne sentez-vous pas l'influence française [1] ? Ce qui n'empêche pas une sage retenue et la « respectabilité » qui convient à une *authoress* anglaise.

Vous voyez déjà que ces romans méritent d'être lus ; mais sont-ils « intéressants » au

1. Baudelaire, par exemple.

sens technique du mot ? Contiennent-ils une histoire construite en vue d'un effet d'ensemble et dont on aime à suivre les différents développements ? Y a-t-il un mouvement ordonné vers un but, c'est-à-dire dramatique ? Oui, et c'est à cette qualité surtout qu'ils doivent leur grande popularité. Lorsque Anne Passer a épousé le docteur Warre, on se sent pris par l'intérêt du drame qui va grandissant depuis le moment où elle reconnaît qu'elle a un amant jusqu'au jour où elle en avoue bien d'autres, et où, enfin, elle se laisse enlever publiquement, dans un bal, par Lumley Savage, le riche Australien. Et, dans les dernières pages du livre, cet intérêt ne s'émousse pas, parce que, grâce à l'extrême impressionnabilité de l'auteur et à l'influence « pessimiste » de la littérature française, la fin est navrante. Le docteur Warre, au lieu d'épouser Allegra Vendramini, qui l'aime, s'enferme dans sa douleur, émigre en Afrique et meurt pendant la traversée : son corps est jeté par dessus bord dans la mer. De même, dans *Quelques Emotions et une Morale,* le livre se ferme sur deux deuils et une séparation. Dans *l'Ecole des saints,* qui n'est que le premier volume de la vie de Robert Orange, on nous annonce des malheurs terribles pour l'avenir, et, ainsi, dans la plupart des *Contes.* N'est-ce pas de cette sorte que depuis longtemps se terminent nos romans français : *Madame Bovary, Sœur Philomène, Manette Salomon, Jack, Une Vie, Pêcheur d'Islande?...* Depuis qu'on a plaisanté sur « l'optimisme des nigauds » on en est venu à considérer les tristesses et les cruautés comme une marque de distinction !

Le style de Jean Oliver Hobbes porte la trace de ses nerfs et aussi des abondantes lectures de Goncourt et Daudet. Voici de petites phrases courtes, vives et saccadées : « Pauvre papa ! Son associé américain est un *gentleman.* Il a été le premier secrétaire de l'ambassade des Etats-Unis à Londres. Quand lui et papa n'écrivent pas des réclames, ils parlent d'art, de religion et jouent au poker. » Ailleurs, je trouve ce trait digne de Maupassant : « Elle lui pinçait les oreilles, lui caressait le nez, lui embrassait le menton. Le sens humoristique était le seul qu'elle éveillait chez Warre ; il riait, mais d'un petit rire étouffé, nullement joyeux ; *c'était comme cette grimace qui reste parfois, après l'agonie, sur la figure d'un mort.* » La langue, comme chez nos auteurs les plus modernes, se permet certaines licences : *me* prend de temps en temps la place de *I* ; on traite librement les comparatifs : *cleverer, hopefuler* au lieu de *more clever, more hopeful*... Enfin, une belle imagination de femme, — un peu celle de George Sand, — fait danser et miroiter dans ces pages, — surtout dans celles de *l'École des saints*, — Arthur et la Table Ronde, le Saint Graal et Lancelot, Dante et Béatrice, les mythes enchanteurs dont la littérature romantique a bercé nos esprits, ou les aventures poétisées de l'histoire.

Certaines négligences se retrouvent dans

tous les romans anglais. Ainsi le dieu Hasard joue vraiment trop le rôle d'un *deus ex machinâ*. Le grand Meredith, termine « la carrière de Beauchamp » par un accident : son héros se noie en voulant sauver un enfant. Je sais bien qu'il y a dans la nature la part de la fatalité ; mais, comme l'a dit Maupassant, devons-nous, sous ce prétexte, faire tomber, au moment le plus pathétique, une cheminée sur la tête de notre principal personnage ? Je préférerai toujours un dénouement qui découle logiquement du récit, des passions qui nous sont peintes. Dans *un Poète du grand monde*, de M. Hamilton Aïdé, Hubert Saint-John au hasard d'une promenade est témoin d'une entrevue de Nellie Dawson et d'Athelstone ; un peu plus tard, un violent orage éclate ; Nellie qui se promène au bord de la mer se réfugie dans une caverne ; Athelstone et madame de Waldeck s'y trouvent déjà ; un contre-fort de sable qui sépare la caverne en deux parties permet de tout entendre sans être vu. Avec

John Oliver Hobbes nous trouvons une quantité de morts opportunes : quand un personnage devient gênant, il a aussitôt une bonne fièvre typhoïde comme Edward Cargill, ou bien il tombe de cheval sur la tête comme Algernon Dane.

Le dialogue prend une place de plus en plus envahissante. « Pour moi, m'a dit M. Meredith, le roman est un récit illustré de dialogue. » Malheureusement on tend à en faire une réunion de conversations séparées par des titres de chapitres. Cet abus, peu sensible dans *l'Ecole des saints*, est flagrant dans *Quelques Emotions et une Morale.*

En outre, les mots français se multiplient. On en trouve un toutes les deux pages. Quel intérêt y a-t-il à écrire « salle à manger » au lieu de « *dining room* » ? Pourquoi s'exprimer ainsi : « *Brigit is delightful and* dans le meilleur genre ; *I liked her earnest desire of doing right. She has, too, that* don du ciel *of never being* de trop ? » Je sais que généralement on a choisi nos expressions pittoresques ; mais « *elles sont trop* ». Avez-vous lu *As in a looking-glass* de F. C. Philips? C'est un roman écrit dans deux langues conjointes ; l'anglais domine, mais faiblement, et nous revenons vraiment au temps de la conquête normande. Et comme il ne suffit pas qu'un romancier anglais sache sa langue et la nôtre, il brode sur le tout un certain nombre de locutions allemandes, italiennes ou espagnoles. Quel habit d'arlequin !

Cet envahissement par le français abrège sans doute la tâche des bonnes traductrices qui se sont donné la mission ingrate de nous initier aux romans anglais On sait que l'original est long infiniment : tout roman qui se respecte contient au moins cinq cents pages ; en France, nous nous arrêtons à trois cents. Décidément, les Anglo-Saxons nous sont bien supérieurs ! Heureusement, les histoires de John Oliver Hobbes sont courtes et son style rapide ; elles plairont au goût français et on ne leur appliquera jamais ce mot d'un grand éditeur parisien : « Il suffit de mettre sur la couverture d'un roman, « traduit de l'anglais », pour tuer la vente.

Bibliographie. — Some Emotions and a Moral, 1891 ; The Sinner's Comedy, 1892 ; A Study in Temptation, 1893 ; A Bundle of Life, 1894 ; The Gods, Some Mortals and Lord Wickenham, 1895 ; The Herb-Moon, 1896 ; School for Saints, 1897 ; Robert Orange, 1900. — Comme auteur dramatique Mrs Craigie a écrit : Journeys end in Lovers Meeting, 1894 ; The Ambassador, 1898 ; Osbern and Ursyne, tragédie en trois actes, publiée par The Anglo-Saxon Review, 1899 ; A Repentance, 1899.

GEORGE MOORE

GEORGE MOORE

L'omnibus vert qui vient d'Earl's Court va s'engager dans l'affreux quartier de Pimlico ; descendons au tournant de Victoria Street : le brouillard jaune poudroie au loin et ferme la vue du côté de Westminster ; toutes noires et colossales se dressent des maisons de huit ou dix étages, — hôtels cosmopolites, grands magasins de l'Army and Navy Stores, offices des colonies lointaines : Dominion of Canada, Nouvelle-Zélande, Tasmanie. C'est là, dans un entresol, qui dut autrefois servir de bureau à quelque homme d'affaire, qu'habite

M. George Moore. Le cabinet de travail est nu et froid : peu de meubles, de rares dessins accrochés aux murs, pas de rideaux à la grande baie vitrée qui donne sur Victoria Street. Certes, l'homme qui habite cet appartement doit jeter sur le monde un regard calme et perçant ; il verra les choses comme elles sont ; s'il est un artiste, il les décrira dans une forme littéraire ; mais il sera un « réaliste. »

Assis à un bureau de style empire, M. G. Moore corrige des épreuves ; il se lève, long et flegmatique ; la figure est très blonde et l'air aimable. Nous parlons tantôt en anglais, tantôt en français, car M. George Moore est un des meilleurs « French Scholars ». Longtemps il a vécu à Paris et il a profité, à tous les points de vue, de ses conversations avec Victor Hugo, Banville, Ludovic Halévy. — Aujourd'hui il est un ami et un admirateur de Huysmans. « Je dois beaucoup à la France, me dit-il très sincèrement : sans elle je n'aurais jamais rien écrit ni rien fait ! » Voilà une dette de plus que l'Angleterre a contractée envers nous ; nous lui avons donné un écrivain qui a publié des œuvres de grand mérite et peut-être un chef-d'œuvre : *Esther Waters.*

Quels sont ceux de nos auteurs chez qui il fréquente? D'abord Balzac : « Tous les gens intéressants sont balzaciens, fait-il dire à sir Owen dans *Evelyn Innes.* Si je sais qu'un homme est un admirateur de Balzac, une sorte de franc-maçonnerie s'établit entre nous et je m'intéresse à lui comme à quelqu'un qui aurait aimé la même femme que moi. » C'est bien M. George Moore lui-même qui parle ainsi par la bouche d'un de ses héros ; et il ajoute dans une forme ironique et méprisante qui lui est propre : « Il y a de la vulgarité chez tous ceux qui ne connaissent pas Balzac ; nous, ses adorateurs, nous trouvons dans chacun de nous un raffinement intellectuel et une intelligence particulière de la vie. Nous sommes des êtres à part ; nous sommes marqués au sceau de ce grand esprit. » Pour Flaubert nous rencontrons le même enthousiasme : « Je sais presque par cœur *l'Education sentimentale*, me dit-il. Je ne veux pas mourir sans essayer de la traduire dignement en anglais ! » La troisième grande admiration me surprend assez : c'est Fromentin. Je crus d'abord que la psychologie merveilleuse de *Dominique* et son style si pur avaient fait cette conquête ; mais non, M. George Moore prise surtout les Maîtres d'Autrefois, *un Eté dans le Sahara* et *une Année dans le Sahel*.

Pourtant, on y trouve surtout l'imagination du « paysage », l'éclat des couleurs rendu par celui des mots, la fantaisie des images et les senteurs de l'Orient. Je sais bien que les peintures de Fromentin sont très exactes et que Maupassant admirait leur réalisme ; mais comment M. George Moore, qui écourte toutes les descriptions de la nature dans ses romans, qui habite Victoria Street et a décoré plus que sobrement son cabinet de travail, peut-il aimer à ce point la peinture du monde extérieur? Et je songe à M. P. Loti, ce roi des paysagistes, tel que nous le représente la photographie de *Nos contemporains chez eux* : que de bibelots curieux autour de lui, que d'étoffes précieuses! Comme l'auteur a égrené sa personnalité dans tous les coins de son appartement, sur tous les pans de murs : on se sent vraiment chez quelqu'un qui vit par les yeux.

Les romans anglais plaisent à M. George Moore beaucoup moins que les nôtres [1]. « Tout nous vient, dit-il, de Fielding (1707-1754) qui a créé le roman de mœurs avec *Tom Jones*. Après lui, quelques auteurs ont écrit des romans pastoraux; d'autres des histoires exotiques, la plupart ont fait du mélodrame de-

1. M. George Moore a critiqué très sévèrement M. George Meredith et George Eliot; s'il faut en croire les journaux il a déclaré dans un speech à Edimbourg que M. Kipling lui donnait des nausées. A part une certaine lignée d'écrivains français, il se montre fort exclusif; il trouve Cyrano de Bergerac peu intéressant et mal écrit. Bref, M. George Moore n'est généralement pas très bienveillant pour ses contemporains.

puis Walter Scott jusqu'à Marie Corelli ; mais c'est toujours le roman de mœurs *qui ne repose pas sur une idée première.*

Vous allez comprendre ce que j'entends par « idée première » en voyant l'exemple de Shakespeare : dans *Macbeth*, il nous peint l'Ambition, c'est elle, l'idée première sur laquelle repose le drame ; dans *Othello*, nous trouvons la Jalousie ; dans Hamlet, la lutte entre la Réalité et les Rêves. Passons à la littérature française et prenons n'importe quel auteur ; Flaubert par exemple. Dans *Madame Bovary*, nous voyons aussi la lutte entre la Réalité et les Rêves ; dans *l'Education sentimentale*, « l'idée première » est la peinture de la vie telle qu'elle apparaît à l'auteur ; une succession de tableaux comme ceux de la Royal Academy, notre Salon, mais avec cette différence que tous les tableaux de *l'Education sentimentale* sont intéressants... [1] »

1. En avril 1900, M. George Moore a publié dans la North American Review un article intitulé « Quelques

J'ai cité les paroles de M. George Moore aussi scrupuleusement que possible ; il y aurait, certes, à développer les aperçus si intéressants sur *Hamlet* et *l'Education sentimentale ;* mais je ne reprends ici la parole que pour montrer, à ma façon, cette critique si juste et si importante : le manque des idées

---

caractéristiques du roman anglais. » Le journal littéraire l'Academy en rend compte dans les termes suivants : « Pour le moment la toquade de M. Moore est de distinguer la grande littérature de la petite en se demandant si le sujet est symbolique ; « s'il est un symbole, c'est-à-dire le signe extérieur d'une idée morale. » Cherchant des exemples parmi les femmes de lettres, M. Moore découvre qu'il serait aussi difficile de rencontrer dans leurs œuvres un roman symbolique que d'y trouver une religion. Il dénie ce pouvoir à George Eliot elle-même, « qui essaya de penser comme un homme et produisit d'admirables contrefaçons en cire des pensées viriles. » M. Moore émet encore beaucoup d'autres appréciations curieuses, et termine par cette prophétie : « Je m'arrête sans avoir tout dit. L'Angleterre a produit en poésie la plus riche littérature du monde et dans Shakespeare, Milton, Shelley Wordsworth elle trouvera sa véritable immortalité. Son empire disparaitra et sera oublié comme celui des Babyloniens et des Perses, car le cœur se rappelle seulement les idées et les rêves. »

premières dans la plupart des romans anglais. Je vous ai parlé ailleurs du *Mystère du Rocher*, de M. Aïdé ; c'est l'histoire de la découverte d'un crime. Cherchons dans notre littérature quelques œuvres analogues par exemple, *Colomba, le Juif polonais, la Petite Roque*. Quelles sont les idées premières ? Dans *Colomba*, c'est la vengeance inspirée par l'héroïne et exécutée par le fils de la victime : dans *le Juif polonais*, c'est le remords, incessant et impitoyable, qui mène le bourgmestre à la folie ; dans *la Petite Roque*, c'est le remords encore qui force l'assassin à se dénoncer lui-même. Avec *le Mystère du Rocher*, point d'idées premières. M. Wright a été invité par un ami, Mr Marsham, à chasser les canards sauvages ; leur maison, qui se nomme le Rocher, est située au bord de la mer, dans un pays perdu. La nuit même de l'arrivée de M. Wright, son hôte est assassiné ; deux hommes sont soupçonnés : M. Wright lui-même, venu au moment du crime, et un cousin de M. Marsham, son héritier apparent. Plus tard, on découvre le vrai coupable : sir Derrick Muirhead.

L'histoire est conduite avec une habileté rare. Les circonstances du crime, les soupçons grandissants, la confession romanesque, la peinture de personnages très intéressants comme lady Muirhead ou la vieille Hanah, composent certes un de ces petits livres que l'on lit tout d'une haleine ; mais je ne trouve point d'idée principale de laquelle découlent les autres et qui fasse l'unité du livre. Il en est ainsi dans presque tous les romans anglais.

* * *

M. George Moore ne jouit pas d'une grande popularité en Angleterre. Il compte des amis et des admirateurs zélés ; mais seulement un petit nombre. Ah ! ses romans ne se vendent pas comme ceux de Marie Corelli.

En Angleterre, on n'aime guère le réalisme. Quand un homme a travaillé huit heures de suite dans un bureau de la Cité et qu'il a regagné son « home » après un trajet de plusieurs lieues dans un chemin de fer souterrain ou à travers d'interminables rues où les réverbères brûlent piteusement, irradiés de toutes couleurs par le brouillard, il désire sortir un peu de ce bas monde, il ne veut plus entendre parler de réalités : il lui faut de la poésie ou des récits d'aventures. Les gens vulgaires achètent les *penny dreadfuls*, publications à deux sous qui contiennent des histoires fantastiques, un ramassis effrayant des imaginations de Gaboriau et de Ponson du Terrail. Ceux qui veulent encore des histoires, mais plus soignées et qui donnent une impression littéraire, lisent les romans de Miss Corelli ou *le Prisonnier de Zenda*, de M. Anthony Hope, ou *les Aventures de Sherlock Holmes*, par Conan Doyle. Les délicats et les poètes se réjouissent dans la lecture de *Loin de la foule enragée* (*Far from the madding crowd*), un des romans pastoraux de M. Thomas Hardy. Et comme à tous les degrés de la société, les Anglais sont plus ou moins des hommes d'affaires, presque tous montrent les mêmes tendances littéraires, et sont tentés de fermer, dès les premières pages, les livres comme *Esther Waters*, le chef-d'œuvre de M. George Moore.

Esther Waters est une pauvre fille, gagée comme aide de cuisine, sans un shilling dans sa poche et sans aucune instruction : elle mourra sans savoir lire. La maison où elle est entrée est celle d'un riche sportsman, M. Barfield, propriétaire d'une écurie de course, et nous voyons à tous les étages de la maison les ruines causées par la passion du jeu. C'est l'idée première du livre. L'auteur aurait sans doute flatté le goût anglais s'il nous avait mené souvent au salon, au boudoir et au cabinet de travail. Mais nous restons d'ordinaire à l'office ou à l'écurie. Je ne m'en plains pas :

nous y rencontrons des types comme le Démon, l'un des jockeys qu'on empêche de manger pour qu'il ne pèse pas trop lorsqu'il courra la Coupe de Chesterfield ; ou comme l'intendant Randal, surnommé Léopold, le petit nom de Rothschild, parce qu'il passe pour presque aussi riche que le célèbre baron ; et une jolie scène nous montre bientôt sa maison triste et nue ; tout le mobilier est engagé au Mont-de-Piété ! Plus tard, lorsque Esther Waters a épousé William, bookmaker et propriétaire d'un bar, nous assistons aux ravages du jeu parmi les basses classes de Londres. Une fin tragique guette chacun des clients. Ketley, l'un des plus enragés parieurs, et l'une des figures les plus originales, devient fou. Superstitieux, comme tous les joueurs, il parie suivant des présages qu'il s'efforce de reconnaître dans les menus faits de la vie. Peu à peu la lésion se fait dans son cerveau ; un jour, il croit voir dans le coin du bar, entre le tonneau de bière et la pyramide des bouteilles d'alcool, une petite figure grimaçante qui lui sourit diaboliquement ; son hallucination le poursuit dans la rue : il l'évite pendant une semaine ; mais un jour, un passant le heurte maladroitement et le jette dans les bras du mauvais génie qui le guette. Alors, il sait que son sort est décidé ; très calme, il arrive au bar, s'assied sans mot dire sur un des hauts tabourets ; puis tout à coup, il se plonge un canif dans la gorge et meurt à l'instant. William ruine sa santé à fréquenter les champs de course et à crier dans le vent et la pluie : il finit ses jours à l'hôpital des poitrinaires de Brompton. M. Barfield, le grand propriétaire, perd toute sa fortune et meurt de chagrin ; son intendant, devenu vieux, tend la main sur le trottoir de Piccadilly. Et deux mots terribles sonnent comme un glas dans tout le récit : *winners* (gagnants des courses), que les vendeurs des journaux de sport prononcent *ouina*, ce cri aigu des rues de Londres qui fait arrêter le passant anxieux où s'ouvrir la porte des bars où l'on joue ; et aussi *workhouse*, cet autre mot plus terrible qui se prononcera tout bas, le soir ; workhouse, la maison des pauvres, l'asile de nuit des malheureux sans gîte.

Ce roman est écrit dans une langue rapide où fourmillent les trouvailles heureuses, les remarques fines. Les scènes dramatiques y sont de premier ordre, l'humour abonde et le dernier tableau du livre, teinté de grisailles mélancoliques où luit un peu d'espoir, laisse une expression exquise. Parmi tous les romans modernes, que j'ai lus en Angleterre, *Esther Waters* demeure l'un des cinq ou six que je préfère.

Evelyn Innes, dernier livre de M. G. Moore, publié il y a quelques mois, nous raconte le triomphe du mysticisme chez une grande actrice de Covent-Garden. Il rappelle par quelques endroits les derniers ouvrages de M. Huysmans. D'abord, il contient 480 pages de quarante lignes, imprimées en tout petits caractères ; il est long désespérément, comme *En route*, par exemple. Renan se plaignait déjà des lenteurs du roman réaliste dans *la Faute de l'abbé Mouret* et des cent pages de descriptions du Paradou. Avec M. George Moore, nous nous perdons dans une infinité de petits faits, de menus détails, d'analyses minutieuses. En revanche, les descriptions de la nature sont courtes, brillantes comme des éclairs. « La rivière descendait en rond dans la plaine, faisant un fer à cheval d'argent dans la terre verte, puis elle suivait le chemin de fer, placide, docile, réfléchissant les arbres et le ciel. » Un paysage prend rarement plus de dix lignes. Comme dans *En route*, il est question de musique moyenâgeuse et le dénouement a lieu dans un couvent. Enfin, les scènes sont parfois assez vives. Sur ce point, M. G. Moore nous a beaucoup imités : dans *Celibates*, un volume de nouvelles, il a osé raconter en anglais ! une histoire de viol et voici de lui quelques vers que je crois inédits et qui montrent à quel point il connaît notre langue et notre manière.

NUIT DE SEPTEMBRE.

La nuit est pleine de silence;
Et dans une étrange pâleur,
Et dans une douce indolence
La lune dort comme une fleur.

Parmi les rochers dans le sable,
Sous les grands pins d'un calme amer,
Surgit notre amour périssable :
Faim de tes yeux, soif de ta chair.

Je suis ton amant et ta blonde
Gorge tremble sous mon baiser,
Et le feu de l'amour inonde
Nos deux cœurs sans les apaiser.

Rien ne peut durer; mais ta bouche
Est telle qu'un fruit fait de sang ;
Tout passe ; mais ta main me touche
Et je me donne en frémissant.

Tes yeux verts me regardent. J'aime
Le clair de lune de tes yeux,
Et je ne vois dans le ciel même
Que ton corps rare et radieux.

M. George Moore a aussi publié des vers anglais : *Poèmes païens,* un de ses premiers livres (1881) ; des recueils de critiques, *Impressions et Opinions, Peinture Moderne* ; d'autres romans, tous réalistes, *La Femme d'un masque, Miss Fletcher*... mais sa grande œuvre, celle qui a forcé l'admiration des plus rebelles, reste *Esther Waters.* Par elle, il représente vraiment le Réalisme en Angleterre.

Ceux qui ont essayé avec lui, comme Arthur Morrisson, l'auteur d'*Un enfant du Iago,* de frayer les voies à l'école nouvelle, n'ont pas rencontré jusqu'ici la faveur des lecteurs. On ne connaît guère que M. George Moore, qu'on appelle l'auteur d'*Esther Waters,* comme chez nous, Joséphin Soulary est l'auteur des *Deux Cortèges,* et Arvers le poète du célèbre sonnet.

Bibliographie. — Flowers of Passion, 1877 ; Pagan Poems, 1881 ; A Modern Lover, 1883 ; Literature at Nurse, 1885 ; A Drama in Muslin, 1886 ; Parnell and his Island, 1887; Mere Accident, 1887; Confessions of a Young Man, 1888; Spring Days, 1888; Miss Fletcher, 1889; Impressions and Opinions, 1890; Vain Fortune, 1890; Modern Painting, 1893; The Strike at Arlingford, 1893; Esther Waters, 1894; Celibates, 1895; Evelyn Innes, 1898; The Bending of the Bough, comédie en 5 actes, jouée sur le Théâtre National Irlandais à Dublin, 1900.

MARIE CORELLI

MARIE CORELLI

J'ai habité pendant six mois dans Longridge Road, qui se trouve dans ce joli quartier du sud-ouest de Londres, plein de silence et de jardins fleuris. Quand je rentrais au logis, le soir, je voyais dans le lointain la Grande-Roue de l'Exposition d'Earl's Court[1] élever lentement dans le brouillard les lampes éclairées de ses vagons. En suivant ma route, sur le trottoir de gauche, je passais devant la coquette maison, rose et blanche, de Marie Co-

1. Toute pareille à celle qui enlaidit aujourd'hui un quartier de Paris.

relli; et parfois, du fond de la rue, une voiture élégante, retour du Park ou de quelque « tea », arrivait, puis s'arrêtait devant les marches du perron : il en descendait une petite femme blonde aux yeux bleus, d'allure frétillante. C'était l'auteur le plus lu de tout le Royaume-Uni. « Mettez les uns sur les autres, m'a dit un libraire, les volumes de deux écrivains les plus populaires, et leur pile n'atteindra pas, en hauteur, celle des romans de Marie Corelli ! » Elle est aussi l'auteur le plus vivement attaqué : la critique s'est exercée contre elle comme chez nous contre M. Georges Ohnet.

Marie Corelli, d'origine à la fois italienne et écossaise, fut adoptée dans son enfance par Charles Mackay, le célèbre compositeur qui publia, je crois, *Cheer up, boys*. Douée d'une fort jolie voix, Miss Corelli voulait d'abord s'adonner au chant, lorsqu'en 1886, à propos d'une curieuse expérience dont elle avait été témoin, elle écrivit son premier livre : *Un Ro-*

man des deux mondes. Le succès très vif la lança dans une voie nouvelle, et elle a publié ensuite onze romans, qui ont fait sa fortune, celle de ses éditeurs et même des critiques avec lesquels elle a eu d'innombrables démêlés.

* * *

Les Chagrins du diable (*the Sorrows of Satan*) est le premier et le seul livre que j'aie lu de Marie Corelli. C'est le roman le plus populaire et sans doute le plus extravagant que l'on puisse trouver dans le monde britannique. J'avais acheté aussi *Barabbas*, *le Puissant Atome* et quelques autres ; mais j'ai compris, dès ma première expérience, que ces sortes d'ouvrages me sont ennemis sans trêve depuis la première page jusqu'au point final. En voici le compte rendu exact.

Au début, Geoffrey Tempest, journaliste pauvre hère, médite sur la difficulté de payer son loyer. On lui apporte trois lettres: la première vient d'un ami d'Australie qui l'a recommandé à un personnage mystérieux, le prince Lucio Rimânez; la seconde lui apprend qu'un oncle d'Amérique, — ressort nouveau, — lui a laissé, en mourant, toute sa fortune: 125 millions de francs; la troisième est écrite par le prince Lucio Rimânez que nous ne tardons pas à reconnaître pour Lucifer lui-même (Lucio = Lucifer), qui vient de descendre au Grand-Hôtel dans Northumberland Avenue. Il est nécessaire de prévenir tout de suite le lecteur que c'est ici un livre de bonne foi et qu'à la dernière ligne nous ne lirons pas: « Geoffrey Tempest se réveilla; il venait de rêver pendant 480 pages! »

A peine notre héros a-t-il ouvert la dernière épître qu'il entend dans la rue le trot d'un attelage. C'est le prince Rimânez lui-même. Comme on l'introduit dans la chambre du journaliste, la lampe s'éteint soudain, et certains lecteurs doivent frissonner! Mais la mattresse de maison cherche des allumettes, et la lumière luit de nouveau... Cette scène dure une dizaine de pages.

Rimânez ne tarde pas à devenir l'ami le plus intime du nouveau millionnaire et se charge de son éducation dans le monde. Tempest y brille bien vite par sa fortune et Lucio par son étrange personnalité. Le diable de mademoiselle Corelli est « fatalement beau », très intelligent, très riche, avec, sur son front pâle, une ombre de tristesse, d'ironie et de cruauté.

Tempest, en possession de ses millions, songe d'abord à publier un livre. Mon Dieu, oui; ce journaliste, qui n'a pas réussi dans les lettres lorsqu'il était pauvre, s'imagine que le talent lui est venu avec les écus. Marie Corelli se charge de le détromper avec une âpreté cruelle et elle lui oppose violemment le succès d'une femme de lettres, Miss Mavis Clare. Cette jeune personne, nous dit-elle, est d'une taille peu élevée, ses cheveux sont blonds, ses yeux sont bleus et sa tête minuscule semble peu faite « pour porter les lauriers immortels, mais plutôt une guirlande de roses, douce et périssable, tressée par la main d'un amoureux ». Pourtant, Mavis Clare n'est pas encore mariée. Il semble même peu probable que jamais elle épouse un de ses confrères, car tous jalousent horriblement les gros tirages de ses livres, et les critiques, en particulier, se font une fête « d'éreinter » (*slate*) tout ce qu'elle fait. Pendant un bon tiers du volume, nous sommes occupés de Mavis Clare, de ses ouvrages qui bouleversent le monde, de la profondeur de sa philosophie et surtout de ces êtres exécrables, les critiques, qui sont voués aux dieux infernaux dans des imprécations que l'on retrouve à tous les chapitres, comme un refrain. Je citerai *passim*: « Je n'accorde jamais la moindre attention aux critiques, s'écrie Mavis Clare, sauf lorsqu'ils débitent des mensonges sur mon compte. Alors je prends la liberté de les contredire soit par moi-même soit par mes avocats. Je ne souffre pas que le public soit trompé sur mes travaux et mes théories; mais, à part cela, je n'ai rien à dire contre les critiques. Ce sont généralement de pauvres diables qui ont beaucoup de mal à vivre. » — « Je vous assure que je plains beaucoup les critiques de tout genre: ils sont les moins respectés et les moins payés dans la communauté littéraire. » — « J'appelle cela une sacrée impertinence, — excusez le mot, — de la part d'un écrivassier de journal, de vouloir m'apprendre ce que je dois lire, ce que je dois apprécier. Eh quoi! Monsieur, ces critiques qui se donnent de pareils airs avec leur encre et leur plume sont le plus souvent des gamins à moitié venus, à demi-instruits, qui pour une couple de guinées par semaine, entreprennent de faire connaître au public leurs idées sur tel ou tel livre, comme si on se souciait de leurs sottes opinions! » Il y a aussi un passage dans lequel Belzébuth Rimânez tient dans ses bras, un des critiques les plus influents de l'Angleterre, suffisamment désigné par des allusions perfides, et menace de le précipiter dans l'abîme s'il continue son œuvre immonde. Combien l'auteur se complaît dans cette idée : tenir un critique suspendu au-dessus d'un gouffre, le faire trembler, pleurer, se mettre à genoux, pour implorer la pitié et ne le renvoyer sain et sauf qu'après lui avoir fait jurer de n'écrire désormais que des articles d'éloges!

Jusqu'ici, je ne vois pas bien quel intérêt les demoiselles de magasin, qui lisent ce roman, peuvent trouver à l'histoire des démêlés de Mavis Clare et des critiques. Je pense que le mariage de Tempest avec Sibyl, la fille de lord Elton, doit être la « grande attraction ». Ecoutez cette déclaration d'amour... : Tempest rôde depuis quelque temps autour de cette jolie fille qui n'est héritière que d'un grand nom; et, tout à coup, au milieu d'une conversation, Sibyl éclate :

« Oh! je ne peux pas souffrir cela; je ne peux

pas!... Pourquoi ne parlez-vous pas et remplissez-vous la coupe de ma dégradation; pourquoi ne me dites-vous pas à moi, comme vous le dites à mon père, que votre choix souverain s'est arrêté sur moi... Regardez-moi (et elle leva les bras dans un geste tragique); y a-t-il une paille dans la marchandise que vous désirez acheter? Ma figure a été jugée digne d'être prise par le photographe à la mode, digne d'être vendue pour un shilling parmi les types de beautés anglaises... Il n'y a pas de truc dans mon apparence extérieure; ma chevelure n'est pas une perruque, mon teint est naturel, mes formes ne sont pas le triomphe de l'art du corsetier, mes sourcils et mes cils ne sont pas teints... »

Après ce discours, les deux jeunes gens s'embrassent sur la bouche : un de ces longs baisers que détaille particulièrement M. René Maizeroy. Quand ils ont cessé leur étreinte:

« Qu'est-ce que vous avez senti? demande Sibyl avec un pâle sourire.

— Toutes les joies du ciel et les feux de l'enfer en un moment! répond Tempest.

— Curieux! reprend Sibyl. Savez-vous ce que j'ai senti?... Rien du tout, je vous assure, absolument rien! »

Là-dessus, le mariage est décidé et Tempest donne à Willowsmere, l'ancienne propriété des Elton, qu'il a rachetée, une fête splendide organisée par son ami Rimânez. Les ouvriers et les acteurs de ces fêtes sont tous de petits diablotins; mais personne ne s'en aperçoit, sauf le lecteur. Il est joliment perspicace, le lecteur. Je regrette de ne vous extraire que quelques lignes de ces descriptions: « Un des tableaux vivants intitulé : *Un Coin de l'Enfer*, dit Marie Corelli, était vraiment original et tout différent de ce qu'on imagine d'ordinaire pour traiter ce sujet (vous allez voir quelle originalité): c'était une caverne noire et profonde où brillaient alternativement de la glace et des flammes; des glaçons pendaient du plafond et des flammes pâles sautaient à la dérobée sur le sol, et dans l'ouverture sombre la forme d'un homme était assise, occupée à compter de l'or. A mesure que les pièces glissaient entre ses mains de fantôme, elles se changeaient en feu, — et ainsi la leçon qui était peinte était facile à comprendre! » J'ai vu cette scène, y compris la glace, dans plusieurs de nos musées forains: la seule originalité vient de ce que Belzébuth lui-même avait organisé ce tableau; vraiment, ce diable bon enfant et très moral, faisait tout ce qu'il pouvait pour avertir ses futures victimes! Les fêtes de Willowsmere se terminent par des danses au milieu desquelles éclate un violent coup de tonnerre, — toujours comme à la foire, lorsque le diable entre en frappant sur un gong; — les invités de Tempest s'effraient; mais Rimânez les rassure en leur disant que l'orage fait partie du programme, et chacun rentre chez soi en s'étonnant des progrès de l'art du machiniste!

La suite du récit nous apprend que Tempest

gagne le Derby avec un cheval donné par Rimânez et qui se nomme *Phosphore,* — naturellement ; puis il épouse Sibyl qui s'enamoure follement de Rimânez. Mais celui-ci résiste stoïquement à toutes les tentatives de séduction. Quand je vous dis que ce diable est le modèle de toutes les vertus ! Enfin, Sibyl s'empoisonne et le livre finit par une espèce d'apothéose où tour à tour l'Equateur et le pôle Nord, le Ciel et l'Enfer dansent dans un horrible chaos auprès duquel l'*Ancien Matelot de* Coleridge est un chef-d'œuvre de clarté.

* * *

Vous souvenez-vous qu'on a joué jadis au Chat-Noir *la Tentation de saint Antoine,* par Henri Rivière. On voyait déjà le diable en habit noir, mais tout enveloppé d'ironie légère et fantastique... Hélas ! cette fantaisie mutine est absente dans la malheureuse tentative de

Miss Corelli ; le sujet, traité sérieusement, devient vite insupportable et mérite quelqu es-unes des expressions de M. Jules Lemaître lorsqu'il parle de M. Georges Ohnet : « ... l'élégance des chromolithographies, la noblesse des sujets de pendule, les effets de cuisse des cabotins, le sentimentalisme des romances... »

Oui, sans doute, et ces défauts expliqueraient bien à eux seuls le succès du livre ! Pourtant, au risque de ne pas être rangé parmi les critiques ordinaires de Mavis Clare, je lui reconnaîtrai quelques précieuses qualités. D'abord, l'entrain, la verve. Quand Miss Corelli raconte une scène, elle est généralement « enlevée ». Les différentes parties du drame sont bien arrangées et le style coule rapide. Malheureusement son goût, peu sûr, l'entraîne toujours vers le mélodrame : c'est au théâtre qu'elle devrait transporter ses histoires.

Mavis Clare dit quelque part en parlant de ses romans : « Ils sont merveilleux ; ils vivent ! » *Les Chagrins du Diable* ne sauraient mériter cet éloge; l'auteur ne se doute pas de la variété de la vie et de la complexité des caractères; ses personnages sont tout d'une pièce et ne vivent pas plus que les anciennes marionnettes Olden; mais, du moins, ils possèdent le mouvement, qualité bien rare chez les bonnes « authoresses » anglaises.

Les peintures de paysages sont vivement brossées et, généralement, heureuses. Je me rappelle certains coins de la villa de Mavis Clare et quelques passages du voyage en mer de Rimânez et Tempest qui ne seraient déplacés nulle part.

Enfin, ce roman fait triompher la morale et la religion; il flatte la manie sermonneuse des Anglais : les principaux personnages sont Dieu, le Diable et l'Ame. Chez les Anglo-Saxons, ces sortes d'histoires tirent à milliers d'exemplaires. — La satire du monde et surtout des « grands » y prend aussi une violence agréable à la foule. Et même dans les déclamations de Sibyl et ses révoltes contre la société ne pourrait-on pas voir l'influence d'Ibsen ? Alors tout serait sauvé !

BIBLIOGRAPHIE. — A Romance of two Worlds, 1886 ; Vendetta, 1886 ; Thelma, 1887 ; Ardath, 1889 ; Soul of Lilith, 1892 ; Barabbas, 1893 ; the Sorrovs of Satan, 1895 ; Mighy Atom, 1896 ; the Murder of Delicia, 1896 ; Ziska : the Problem of a Wicked Soul, 1897 ; Jane, 1897 ; Boy, 1900 ; the Master Christian 1900.

W. LECKY

W. LECKY

Je vais vous parler de choses sérieuses : histoire et philosophie politique.

Si nous connaissons peu, en France, les romanciers anglais, nous ignorons preque complètement les historiens. Froude, qui est mort en 1894, ne nous apparaissait que comme un voyageur : *Oceana*, une relation de voyage en Australie, et *les Anglais dans les Indes Occidentales* (1888) nous avaient intéressés au moment où commençait à se développer notre politique coloniale. Freeman, l'historien d'Oxford, mort en 1892, n'a obtenu chez nous que quelques notices nécrologiques. Sir Charles Dilke, l'auteur de *Greater Britain* et *Problems of the Greater Britain*, est surtout connu par un procès retentissant et le souvenir d'une sympathie, autrefois très vive, pour notre pays. Enfin, tous les ouvrages de M. Lecky publiés en Allemagne, n'ont jamais été traduits en France.

Rt Hon. (Right Honourable) Wiliam Edward Hartpole Lecky est né, le 26 mars 1838, à Newton-Park, dans le comté de Dublin; il fit ses études à Trinity College, passa sa vie dans les études historiques, et, il y a quelques années, fut envoyé à Westminster par l'Université de Dublin, qui élit deux membres du Parlement. Conservateur et unioniste, il combattit vivement M. Gladstone et les nationalistes d'Irlande. En 1897, il a été nommé membre du Conseil Privé.

Au physique, il est long, mince et ondulant. *Punch* qui a mis toutes les têtes des hommes politiques sur des corps d'animaux a placé celle de M. Lecky au sommet tantôt d'un cou d'autruche, tantôt d'un cou de girafe. Le front large est arrondi et dénudé ; la bouche, crispée dans une grimace, paraît d'abord dédaigneuse ; mais une grande mobilité de traits et une douceur exquise fondent tout le visage dans une expression de bienveillance et de bonté.

Touchant du doigt un rayon de livres dans la bibliothèque qui tapisse entièrement son clair cabinet de travail : « Les voilà, tous ! » me dit-il gaiement. Son premier ouvrage, tout petit, s'appelle *les Leaders de l'opinion publique en Irlande*, publié en 1861, quand il avait vingt-trois ans. En 1865, *l'Histoire du rationalisme en Europe* marqua son premier succès ; mais on y trouve encore des traces de jeunesse ; puis vint *History of European morals from Augustus to Charlemagne* (1869 ; enfin, l'*Histoire d'Angleterre au dix-huitième siècle*, en douze volumes publiés de 1878 à 1890, et qui coûtèrent dix-neuf années d'une vie toute de travail. La dernière œuvre, *Démocratie et liberté* (1896), une des plus intéressantes, termine aujourd'hui et peut-être définitivement la carrière littéraire du grand historien. Au cours de la publication, il a été nommé membre du Parlement, et, désormais, il se réserve tout entier aux obligations de son mandat. Les questions irlandaises, si intéressantes et si compliquées, l'attirent particulièrement. Toute sa vie, il en a été préoccupé : durant les longues années qu'il a vécues à Dublin et aussi pendant qu'il écrivait sa célèbre *Histoire d'Angleterre au dix-huitième siècle*, dont cinq volumes sont consacrés à l'Irlande.

* * *

Sous ce titre : *Démocratie et liberté*, M. Lecky a fait l'étude approfondie de l'évolution politique dans le monde moderne. Le parlementarisme, le socialisme, l'aristocratie, les nationalités, les religions, les lois sur le travail, le féminisme, toutes les grandes questions modernes ont été examinées dans ce savant travail, qui est comme un manuel de philosophie politique.

Il sait tout ce qui a été dit ou écrit et il le résume clairement en y ajoutant beaucoup d'idées personnelles. Seulement sa langue n'a rien emprunté à la vivacité, à l'esprit et à la grâce de celle de Voltaire, de Diderot ou de Paul-Louis Courier. Il se préoccupe surtout de la solidité de son œuvre; il bâtit un monument lourd et trapu où il met de la chaux, du sable et de gros moellons. Ses chapitres semblent une réunion de ces articles de fond du *Times* qui réjouissent les fortes têtes des bourgeois de la Cité. Par moments, il semble qu'on assiste à une discussion dans quelque conseil d'administration ou chez le lord-maire, et l'on croit entendre dans Cheapside le carillon des cloches de l'église de Bow, cher au cœur de Richard Wittington et des vrais cockneys.

Je choisis, entre toutes, deux études : *la Démocratie n'est pas la liberté, — le Catholicisme s'alliera à la démocratie,* — et je résume, sans les apprécier, les chapitres de M. Lecky.

— L'histoire nous montre que la grande voie de la démocratie, sur laquelle tous les peuples sont engagés, leur fait tourner le dos à la liberté. Ainsi, dans l'ancienne Rome, la vieille République était à peine transformée en démocratie qu'elle se changeait en empire. Au moyen âge, les deux institutions les plus démocratiques étaient l'Eglise romaine et la Corporation : deux attaques à la liberté.

Par la nature même de son idéal, qui est l'égalité, la Démocratie est disposée à réprimer systématiquement les talents variés et les différentes énergies des hommes. Une réglementation autoritaire est chaque jour réclamée par nos démocrates. On complique la bureaucratie et on augmente le nombre des fonctionnaires. On accroît les impôts qui sont en réalité une atteinte à la liberté. Chaque homme n'a-t-il pas le droit de disposer de sa propriété et de ses gains, et tout impôt n'est-il pas une portion de ce bien enlevée par la force et l'autorité de la loi ?

Enfin, donner le principal pouvoir aux basses classes, c'est le placer aux mains de ceux qui, par ignorance, sont enclins à s'en remettre aveuglément à quelque leader populaire. On peut arriver ainsi au despotisme ou à de dangereux remaniements de la Constitution. Combien peu de changements dans les lois constitutionnelles d'un Etat sont dus aujourd'hui à une évolution spontanée et normale ! La popularité étant aux enchères, un petit nombre d'agitateurs cherche une plate-forme électorale, désire brouiller les cartes et combiner les votes pour enlever une élection.

* * *

Plus loin, M. Lecky reconnaît bien des signes d'une future alliance du catholicisme et de la démocratie. — L'organisation des premiers âges du christianisme était vraiment démocratique : élection des évêques au suffrage universel ; nombreux discours des Pères dénonçant les riches et vantant la communauté des biens, comme les socialistes modernes ; les Conciles furent l'une des premières expériences du parlementarisme ; le caractère essentiellement démocratique du culte met au même rang toutes les classes, et son organisation permet aux hommes de la plus humble naissance d'atteindre une dignité qui surpasse toutes les autres grandeurs humaines ; enfin une place importante dans l'histoire de la liberté peut être réclamée par saint Thomas d'Aquin et les premiers jésuites. Bossuet lui-même, au temps de Louis XIV, avait proclamé que l'Eglise est avant tout la cité des pauvres, que les riches n'y sont admis que par tolérance, et à condition d'y servir les pauvres, et que ceux-ci ont grande raison de se plaindre des injustices de ce monde. (Sermon sur l'éminente dignité des pauvres dans l'Eglise.)

« Et l'on ne peut s'empêcher de remarquer » que tout le système de l'industrie au moyen » âge, avec ses corporations protégées, grandi » à l'abri du catholicisme, offre plus de rap- » port avec l'idéal des socialistes modernes » qu'avec le système de la concurrence sans » limite et inexorable, avec la survie du plus » apte qu'Adam Smith a proclamé, que Mal- » thus a poussé jusqu'à ses plus impopulaires » conséquences, que Darwin a établi comme » le principe du progrès dans le monde. En- » fin, la politique internationale des classes » laborieuses s'harmonise assez bien avec » l'esprit d'une Eglise cosmopolite. »

Dans les pays libres comme la Belgique, l'Angleterre et surtout les Etats-Unis, la prospérité du catholicisme est plus grande que dans les Etats construits sur le modèle du Syllabus. Les tendances à étudier les questions sociales grandissent dans le clergé. Ce mouvement a été commencé par Lamennais en France, l'évêque Ketteler en Allemagne, le cardinal Gibbons en Amérique, le cardinal Manning en Angleterre et le Père Curci en Italie. Le Pape, il y a quelques années, a publié une longue et remarquable Encyclique : « Sur la condition de l'ouvrier » dans laquelle il examine les plus graves questions sociales de notre temps. En résumé : « Tôt ou tard, comme l'a dit Cavour, l'Ultramontanisme et le Socialisme seront alliés. »

* * *

M. Lecky, vous le voyez, est un philosophe et un historien qui ne croit pas que sa profession l'oblige à s'isoler dans l'étude des questions purement spéculatives ou anciennes. « Son âme ne vit pas dans le siècle en émigrée. » Il a l'œil ouvert sur les faits qui agitent le monde ; il en cherche les causes et en découvre les fins. Mais c'est un réactionnaire. La philosophie de son livre est que, si la démocratie est devenue une nécessité de fait, qui pendant longtemps dominera tous les pays civilisés, le devoir des hommes d'Etat est de rechercher sous quelle forme elle se montrera la meilleure. En France, la plupart de nos philosophes (entre autres M. A. Fouillée) ont déjà répondu que cette forme c'était la République.

BIBLIOGRAPHIE. — The Leaders of Public Opinion in Ireland, 1861, History of the Rise and Influence of the Spirit of Rationalism in Europe, 1865 ; History of European Morals from Augustus to Charlemagne, 1869 ; History of England in the Eighteenth Century, 1878-1890 ; Poems, 1891 ; Democracy and Liberty, 1896 ; the Map of Life, 1899.

ARTHUR WING PINERO

ARTHUR WING PINERO

Vous traversez le salon et le cabinet de travail chaudement meublés d'une maison riche auprès de Regent's Park; tapis rouges, pas mal de dorures, fenêtres tantôt ornées de vitraux, tantôt donnant sur une serre garnie de plantes : bref, la demeure d'un homme qui aime et entend le décor. Puis, vous vous trouvez en face de M. Arthur Pinero, le plus grand auteur dramatique de l'Angleterre. C'est un homme de quarante-quatre ans, au crâne ovoïde et chauvé, le teint coloré, l'œil de fou, le visage complètement rasé comme celui d'un acteur français, le nez pointu, les traits fins. Cette figure « en lame de couteau » fait songer au coup de tranchet d'un grand chirurgien, à l'épée d'un conquérant : tous gens qui travaillent, dans le vif, la matière humaine. Mais vous conversez avec M. Pinero, vous vous sentez en communion d'idées, vous revenez le voir : alors l'impression diffère ; vous emporterez sans doute le souvenir d'un homme qui a sa philosophie de la vie, qui abonde en remarques vives ; mais ce qui vous aura surtout ravi, c'est la bonhomie, la cordialité d'un « good chap ». M. Pinero n'a que des admirateurs et des amis.

Arthur Wing Pinero descend d'une famille d'origine juive et portugaise établie depuis plus de deux cents ans en Angleterre. Au commencement de ce siècle, Mark Pinheiro épouse une demoiselle Wing, dont l'oncle combattit avec Nelson, à bord du *Victory*, à Trafalgar. L'épée du capitaine Wing occupe aujourd'hui une place d'honneur dans le cabinet de son petit-neveu, le grand dramaturge. Le père de M. Pinero était solicitor et le jeune Arthur commença par être clerc d'avocat à Lincoln's Inn. Un jour, à la suite de revers de fortune, il mit une annonce dans le grand journal des théâtres l'*Era* et reçut une offre d'engagement au théâtre royal d'Edimbourg. Il débuta ainsi sur les mêmes planches que sir Henry Irving et John Lawrence Toole. Vers 1884, le jeune homme commença à écrire des pièces qui n'avaient alors d'autre prétention que d'amuser le public : *the Magistrate* et *Sweet Lavender* sont les deux meilleurs représentants de ce « lighter work ». Au moins une soirée de tous ceux qui ont passé seulement une année en Angleterre a été charmée par *Sweet Lavender* : l'acteur Terry l'a jouée plus de 1,500 fois dans une tournée autour du monde. A partir de *the Second Mrs Tanqueray* (1893), M. A. Pinero a écrit des comédies-drames dans le genre élevé d'Emile Augier et d'Alexandre

Dumas. Pendant cette deuxième période, les pièces qui constituent ses meilleurs titres me semblent : *la Seconde Madame Tanqueray, the Notorious Mrs Ebbsmith, the Benefit of the Doubt, the Princess and the Butterfly*, et, enfin, le *Gay Lord Quex*, dont les vacances dernières n'ont pas interrompu le retentissant triomphe.

J'ai dit « retentissant » ; car, sur les planches des théâtres anglais, se livre une vraie bataille littéraire, comme celle dont *la Dame aux Camélias* fut, chez nous, le signal. Le théâtre de M. Scribe en mourut et la vie apparut dans les pièces d'Augier, Dumas, Pailleron, Jules Sandeau et tous les successeurs. De l'autre côté du détroit, une pléiade d'auteurs dramatiques : Pinero, Henry Jones, Sidney Grundy, Carton, Haddon Chambers combattent aussi le bon combat. Mais outre Manche surgissent deux grosses difficultés inconnues en France.

D'abord la lenteur d'esprit du public anglo-saxon. « Un jour, m'a dit M. Pinero, j'allai à l'Odéon voir Réjane qui jouait *Amoureuse* de M. Porto-Riche. Vous savez que cette pièce est toute de psychologie, avec seulement trois personnages et aucun décor. Eh bien ! l'immense Odéon était comble depuis l'orchestre jusqu'au paradis où les gens du peuple, ouvriers et soldats, penchés sur les rampes, écoutaient passionnément. En Angleterre, avec une pareille pièce, nous n'aurions pas pu finir la représentation ; à la fin du second acte, les spectateurs ne seraient pas revenus des public-houses voisins. Non, notre public n'a pas la rapidité d'esprit nécessaire pour s'intéresser à un développement purement psychologique au théâtre. » Pour la même raison, l'esprit et l'humour deviennent d'un maniement difficile : s'il faut expliquer un bon mot, mieux vaut le supprimer. Le dialogue ne gagne pas en légèreté ; on ne trouve nulle part de ces feux d'artifice comme dans certaines scènes où paraît le grand *Gi-*

boyer ou bien dans *le Monde où l'on s'ennuie*. Du moins on est arrivé à une allure peut-être un peu pesante, mais non sans élégance ; celle du bon cheval de Normandie. Parmi les auteurs classiques, Congreve est le plus fréquemment donné comme modèle de ce genre et on lui compare aujourd'hui M. Pinero. Mais la comparaison me semble tout à l'avantage de l'auteur moderne : la peinture des caractères veules du temps de la restauration des Stuarts n'intéresse plus que médiocrement. En vérité, à part les époques de Shakespeare, Sheridan et Goldsmith, le théâtre anglais n'a jamais été aussi brillant que de nos jours.

Pourtant l'esprit de la période « victorienne » ne se prête guère au théâtre, et c'est la seconde difficulté des auteurs dramatiques. A aucune époque la cour ne fut plus sévère que sous la vieille reine : le puritanisme refleurit presque comme au temps de Cromwell et pendant soixante ans, pas un roman n'a osé traiter de l'adultère. Depuis quelques années on s'est affranchi un peu : nous voyons bien des amants et leurs maîtresses, mais d'une façon épisodique, à la dérobée, jamais comme sujet d'un livre ou d'une pièce. Quelle différence avec notre littérature ! Il a donc fallu aux écrivains dramatiques anglais entamer la lutte contre le rigorisme, la pruderie et l'hypocrisie qui leur rognaient les ailes et braver les foudres de l'Eglise, qui s'émeut tous les jours davantage. La dernière pièce de M. Pinero, *le Gai lord Quex*, n'a-t-elle pas été mise en interdit par l'évêque de Wakefield, dans une belle lettre envoyée au *Times !*

Mais, dès maintenant, on peut dire que la victoire appartient à l'art, à la vie, à la vérité. Le lendemain du jour où parut ce Manifeste d'intolérance, toutes les places étaient retenues pour six semaines, au Globe Theatre. « C'est que, suivant la parole d'Alexandre Dumas, ce n'est pas le public qui impose son goût, c'est le dramaturge qui façonne celui du public. » « Nous sommes plus puissants que la guerre, disait-il, car nous ne détruisons pas, nous créons, et nul, fût-il César ou Charlemagne, ne peut nous reprendre nos conquêtes. Au contraire, plus on nous envahit, plus on nous étend ; plus on nous pille, plus on nous enrichit ; — plus puissants que la politique ; car nous ne devons dire que la vérité ; car nous ne relevons pas des événements et ne dépendons pas du fait ; — plus puissants que la presse ; car nous avons le relief, la couleur, la répétition quotidienne, régulière, animée de notre pensée ; nous avons la parole ; le regard, le geste, l'action, la vie en un mot, et tous les sens de l'homme nous sont ouverts ; — plus puissants enfin que l'éloquence elle-même ; car notre corps n'est pas forcé de se transporter là où nous voulons parler ; nous nous distribuons à l'infini, nous substituons à nous des centaines de personnages, des milliers d'interprètes, et nous avons, sous nos doigts le clavier humain depuis le rire le plus insensé jusqu'aux larmes les plus amères [1]. »

*
* *

M. Pinero, dans *la Seconde Madame Tanqueray*, nous montre un galant homme, Aubrey Tanqueray, remarié à une courtisane, Paula, qui a du cœur et des manières. Tous deux sont malheureux et Paula finit par le suicide. Un autre couple, de rôle secondaire, sir George Orreyed et lady Orreyed, nous révèle dans la perspective théâtrale le même tableau : l'impossibilité pour une courtisane de faire le bonheur d'un « gentleman ». Mais c'est une pièce à thèse, direz-vous, tout à fait dans la manière de Dumas? Patience, je vous révélerai tout à l'heure l'opinion de M. Pinero sur sa pièce. *The Notorious Mrs Agnès, Ebbsmith* est une femme émancipée : elle prêche la révolte contre le mariage, l'amour libre, la femme doit ces-

1. Préface du *Fils naturel*.

ser d'être esclave... La pièce se termine par sa conversion aux idées bourgeoises et Agnès s'en ira dans un petit village d'Angleterre, méditer sur la Bible. Le *Bénéfice du Doute* a été accordé par le président de la Divorce Court à Theophila Fraser accusée par Mrs Allingham d'être la complice adultère de son mari John Allingham. Naturellement, le monde ne témoigne pas dans son jugement la même prudence que le juge, et, comme vous le devinez, l'infortunée n'a, en réalité, commis qu'une étourderie. Heureusement l'évêque de Saint-Olpherts sauvera la situation et fermera la bouche de Mrs Grundy : c'est ainsi qu'on nomme, en Angleterre, la malveillance publique. *La Princesse et le Papillon* est l'histoire d'un homme de cinquante ans qui épouse une jeune fille de dix-neuf ans et d'une princesse déjà mûre qui se marie avec un jeune homme de vingt-huit ans : et ils seront heureux tous quatre.

Enfin, j'arrive au *Gay Lord Quex* que j'ai

vu jouer il y a quelques semaines et qui n'a pas encore été publié en librairie [1]. Par un artifice hardi l'auteur commence par tromper son public sur ses intentions. Voici comment : vous vous asseyez dans votre « stall » ne connaissant de la pièce que le titre : *le Gai Lord Quex*. Vous pensez aussitôt : ce noble lord doit être un joyeux vivant ou un viveur. Bientôt le très grand acteur John Hare, qui joue ce rôle, paraît chez la manicure Sophie Fulgarney ; vous voyez un petit homme noir de figure, grisonnant de cheveux, l'air sardonique. Voilà le viveur dans la péjorative acception du mot. Un instant après, dans un aparté, Fulgarney vous le présente : « C'est lord Quex, le pire débauché de Londres ! » Alors vous vous croyez fixé : c'est un coquin,

Peut-être bien ; mais c'est un coquin sincèrement repenti : l'âge et l'amour ont fait ce

---

1. Presque toutes les pièces de M. Pinero se trouvent chez William Heinemann.

miracle. Nous ne tardons pas à pressentir la transformation; l'idée en est aussitôt indiquée dans une conversation entre lord Quex et son ami Chichester Frayne; puis les aides de la manicure sont bien gentilles, la manicure elle-même follement séduisante, et pas le plus petit flirt ne s'ébauche. Au second acte, à Fauncey Court, dans le jardin italien, lord Quex résiste galamment aux avances de mademoiselle Fulgarney et, s'il accepte un rendez-vous avec la duchesse de Strood, c'est seulement pour lui rendre ses lettres et reprendre les siennes. Le troisième acte est une des belles trouvailles du théâtre moderne, Fulgarney, qui juge à tort lord Quex indigne d'épouser la princesse X..., sa cliente et son amie, espionne la duchesse de Strood et surprend le rendez-vous, — qui n'était qu'un rendez vous de rupture. Les anciens amants sont à sa merci : angoisses, désespoir; mais lord Quex trouve un plan merveilleux; il se perdra tout à fait, et sauvera la duchesse.

Celle-ci va quitter sa chambre et terminer la nuit chez la princesse ; les nerfs et la migraine fourniront un prétexte suffisant. Resté seul, Quex sonne la manicure qui, dans son dessein d'espionnage, s'était arrangée pour remplacer la femme de chambre de la duchesse. Il se cache derrière la porte et, dès que la jeune fille est entrée, il ferme et met la clef dans sa poche. Les voici tous deux face à face : « Que comptez-vous faire ? — Demain matin, je dirai ce que j'ai vu et entendu », — et la jeune fille développe son plan. La situation semble désespérée. Mais lord Quex répond froidement que la duchesse est chez la princesse et d'autant plus à l'abri du soupçon que lui-même passe la nuit avec Sophie Fulgarney ! Soudain celle-ci comprend le danger et bondit vers les différentes portes : toutes sont fermées. Elle déclare qu'elle criera son innocence et dénoncera l'infamie. « Mon enfant, répond doucement lord Quex, quand une jolie fille est surprise en tête-à-tête avec un homme, c'est selon la moralité de celui-ci que l'on juge l'entretien ». Epouvantée, Sophy veut sonner... ; très bien, elle fera éclater le scandale plus tôt. Elle se souvient enfin qu'elle doit se marier et que son fiancé se trouve à ce moment même à Fauncey Court. Alors, folle de douleur, elle implore le pardon de celui qu'elle voulait perdre ; il y consent au prix d'une lettre qu'elle va lui écrire et qui la met à son entière discrétion. A peine la lettre est-elle donnée que Fulgarney croit qu'elle est tombée dans un piège, qu'elle a simplement livré à un libertin un moyen d'abuser d'elle plus tard. Elle appelle au secours, se précipite aux sonnettes ; mais, avant qu'on vienne, lord Quex, indigné d'être soupçonné de tant d'infamie, a déchiré la lettre et s'en est remis à la générosité de la jeune fille. Celle ci, émue jusqu'à l'attaque de nerfs, devinant vaguement qu'elle se trompe peut-être sur le véritable caractère de son adversaire, se décide à l'épargner : quand un domestique réveillé par les coups de sonnette frappe à la porte de la chambre, elle contrefait la voix de la duchesse, et, sans ouvrir, déclare qu'elle a eu une frayeur sans motif et n'a plus besoin de rien. Cette scène poignante, terminée dans une crise hystérique de rire et de larmes, est merveilleusement jouée par l'actrice anglaise Irene Vanbrugh. Comme il y aurait de quoi tenter madame Réjane !

Le dernier acte, ainsi que presque tous ceux de M. Pinero, n'est pas à la hauteur du reste de la pièce. S'il était fait une adaptation française du *Gai Lord Quex*, il faudrait ici quelques retouches. Peut-être les trouverait-on aisément en introduisant une thèse dans la pièce. On démontrerait (au lieu de le montrer) que, après tout, un mauvais homme peut avoir de grandes qualités, que, suivant notre proverbe, « le diable n'est pas aussi noir qu'on le dit ». Augmenterait-on *au fond* la valeur de la pièce ? Nullement, à mon avis. On ne démontre pas une thèse philosophique par une pièce ou un roman ; l'auteur arrange les événements et les âmes de ses personnages suivant sa propre fantaisie ; dans la réalité tout se passerait peut-être autrement. Il y a peu de règles dans la vie, mais surtout des exceptions, des cas particuliers. Rien n'est vrai, rien n'est faux, l'homme en est la mesure. Seulement, au point de vue du théâtre la thèse est un artifice merveilleux ; sans elle les pièces de Dumas n'auraient ni leur unité de composition, ni leur dialogue crépitant. Cela est si vrai que la pièce de M. Pinero, la plus parfaite au point de vue littéraire, reste *la Seconde Madame Tanqueray*, laquelle s'est trouvée une pièce à thèse *sans la volonté de l'auteur*. Il me l'a déclaré formellement à plusieurs reprises. « Jamais, répétait-il avec indignation, je n'ai voulu dire qu'une courtisane ne pouvait devenir une excellente épouse ; c'est archifaux dans la réalité, et toute la critique a méconnu mes intentions ! » Soit ; mais néanmoins pour le public telle semble être l'idée de M. Pinero, telle est sa thèse malgré qu'il en ait, et pour cette raison il a trouvé son plus parfait dénouement. La meilleure fin doit survenir quand l'action atteint son point culminant par le développement naturel des passions et des événements. N'est-il pas évident que, si la pièce contient une thèse, on la terminera au moment où on l'aura démontré (par exemple *les Idées de Madame Aubray*) et c'est lorsque la pièce sera à son apogée?

Parce que j'ai moins aimé les derniers actes de M. Pinero, sauf celui de *la Seconde Madame Tanqueray*, qui est un chef-d'œuvre inconscient, il ne faudrait pas croire que le nom de cet auteur soit de ceux qui se peuvent oublier ou ignorer. Lorsqu'il n'y a qu'un acte inférieur sur trois ou quatre ou cinq, la proportion reste excellente. Quant à la meilleure manière de créer un chef-d'œuvre, c'est d'y parvenir sans s'en douter. Dès maintenant on peut croire à l'immortalité de M. Arthur Pinero et le jour où sera joué dans un théâtre du Boulevard une de ses grandes pièces, dignement traduite et convenablement montée, il sera reconnu l'un des premiers citoyens chez les meilleurs auteurs et acteurs dramatiques du monde; — chez les Français.

BIBLIOGRAPHIE. — £. 200 a year 1877; the Money Spinner, 1880; the Squire, 1881; Lords and Commons, the Rocket, 1883; Low Water, 1884; the Magistrate, 1885; the Schoolmistress, the Hobby Horse, 1886; Sweet Lavender, 1888; the Profligate, 1889; In Chancery; the Weaker Sex; the Cabinet Minister; the Times; Lady Bountiful; the Amazons, the second Mrs Tanqueray jouée pour la première fois au Saint James's theatre le 27 mai 1893; the Notorious Mrs Ebbsmith; The Benefit of the Doubt. (Comedy theatre, 16 octobre 1895); The Princess and the Butterfly; Trelawny of the Wells; The Gay Lord Quex 1899.

HENRY-ARTHUR JONES

HENRY-ARTHUR JONES

Né en 1851 dans le comté de Buckingham, fils d'un fermier, puis devenu commis-voyageur, fumeur de pipes et buveur de bière dans les Commercial Rooms des hôtels du Royaume-Uni, M. Henry-Arthur Jones est aujourd'hui l'un des plus grands littérateurs et auteurs dramatiques de son pays. Figurez-vous un petit homme blond, au front haut, le regard doux et très lumineux avec une barre au dessus des sourcils qui décèle une volonté opiniâtre. Il s'exprime avec une certaine difficulté d'élocution et n'aurait pu sans doute devenir acteur comme M. Pinero. Il habite auprès de Regent's Park dans l'ancienne maison d'Alma Tadema et son cabinet fut longtemps l'atelier du grand peintre. Tout autour s'élève une bibliothèque basse et pleine d'éditions rares; au-dessus court une tapisserie de William Morris qui fut un ami intime de M. Jones.

Il faut remonter au 11 décembre 1878 pour trouver la première pièce du futur auteur des *Menteurs* et des *Manœuvres de Jane*. Elle s'appelait *Only Round the Corner* et fut représentée au théâtre d'Exeter. *A Clerical Error* suivit de près avec quelques autres essais jusqu'au *Silver King*, un mélodrame terrible qui n'a jamais quitté les planches depuis novembre 1882. Quand vous irez à Londres, cherchez bien dans la liste des « Amusements », vous trouverez sûrement l'annonce d'une représentation du *Silver King* dans quelque petit théâtre suburbain. Je crois qu'une adaptation a paru sur la scène de l'Ambigu. Presque riche après ce succès, M. Jones put faire de la littérature, et il produisit successivement *Saints and Sinners, Judah, the Dancing Girl, the Crusaders, the Case of Rebellious Susan, the Triumph of the Philistines, Michael and his lost Angel, the Physician, the Liars,* et *les Manœuvres of Jane.* Je n'ai cité que les principales pièces, celles qui ont mis leur auteur hors de pair et par lesquelles il a vraiment renouvelé le théâtre britannique.

Dans une série de conférences publiées en volume sous le titre : *la Renaissance du Drame,* M. Jones a exposé sa critique et sa méthode. Il a voulu surtout marquer les frontières entre l'art dramatique et les œuvres destinées au simple amusement populaire ; grosses farces connues à Londres sous le nom de *burlesques,* mélodrames ensanglantés et pantomimes innombrables qui ne sont que les variantes et enjolivements de cinq sujets rebattus : *Dick Wittington, Cendrillon, les Enfants dans le bois, Simbad le Marin* et *les Quarante Voleurs.* A ses milliers d'auditeurs, M. Jones a expliqué que le théâtre existe pour produire le beau en s'inspirant du vrai; aussi pour instruire et moraliser le peuple, mais en passant et presque involontairement. Plus loin, barrant sa route, l'auteur dramatique rencontrait le puritanisme soutenu par l'hypocrisie, le cant et Mrs Grundy : et la brèche qu'avaient faite, dans la position ennemie, des pièces comme *Saints et Pécheurs*, *le Triomphe des Philistins* était élargie par ses conférences. Enfin, il expliquait comment, orienté vers le côté « mystérieux et imaginatif de la nature humaine », il avait mis sur la scène une peinture embellie de la réalité. Il s'était montré minutieux, soigné dans les détails, mais à la manière de Turner dont il aime à rappeler les paysages: on y voit la stratification des roches, la ramification détaillée des branches d'arbres et, cependant, un réaliste disait un jour au grand peintre: « Je ne vois pas la nature comme vous. — Non? répliqua Turner; eh bien, tant pis pour vous ! »

Pour l'architecture des pièces, M. Jones se défie d'une trop grande habileté. « Je désire, dit-il un jour à ses auditeurs, que vous ne prisiez pas l'intrigue, l'histoire et la composition autant que la vérité des peintures et des caractères. Je désire que vous ne vous contentiez pas seulement d'une composition ingénieuse qui sente l'artifice et les ficelles. Et lorsque vous soupçonnez que l'on vous séduit par des procédés habiles, demandez-vous ceci : — Qu'est-ce que je penserais de cette pièce si je devais la voir une douzaine de fois ? »

Hélas ! beaucoup des spectateurs de M. Jones ne se posent pas cette question, mais hésitent simplement sur le choix de leur « amusement ». Ce soir ils sont venus au théâtre ; alors la prochaine fois ils iront voir quelque nouvelle géante ou chez madame Tussaud le portrait en cire du dernier assassin.

Une promenade à l'un des théâtres suburbains nous édifiera complètement sur l'instinct dramatique du peuple anglais. Je vais vous mener dans Kennington au théâtre de la princesse de Galles. C'est un bâtiment à la fois somptueux et misérable. Il est tout en marbre, plein de dorures; partout des tapis rouges, des glaces biseautées à toutes les portes; les fauteuils sont profonds et leurs ressorts excellents. Vous entrez par des vestibules et des corridors grandioses; aux entr'actes vous jouissez de l'hospitalité de plusieurs foyers et d'une demi-douzaine de bars disséminés aux divers étages de la vaste construction: pendant toute la soirée on y entend la fusillade des bouchons de soda-water. Mais le rideau se lève; voici le côté pauvre. Sur le décor en ruines la peinture s'en va par plaques; un salon élégant est figuré par quelques chaises boiteuses; les acteurs qui jouent des rôles de gentlemen et de ladies se sont fait des têtes de Punch and Judy, le Guignol anglais; les habits noirs sont d'une couleur indécise, entre le vert et le jaune. Incroyable négligence: des ouvriers, amis du personnel, viennent par les coulisses voir ce qui se passe sur la scène; ils sont en costume de travail, coiffés de la petite casquette que l'on nomme cap, et les dix premiers rangs des fauteuils d'orchestre ainsi qu'une partie des loges peuvent les voir, tant ils s'avancent indiscrètement. Le souffleur, au lieu d'être placé au milieu de la rampe, en face des acteurs, est caché dans la coulisse; il ne prévoit pas les manques de mémoire, souffle trop tard et si haut qu'on doit l'entendre du paradis.

Cela n'empêche pas les spectateurs de manifester leur approbation par quelques applaudissements et souvent par des sifflets. Oui, ils sifflent, en Angleterre, quand ils sont satisfaits! Il est vrai qu'ils sifflent aussi, mais sur un ton différent, quand la représentation va par trop mal; et c'est encore une supériorité sur les Américains qui, eux, ne sifflent jamais et crient simplement: *Go away!* Allez-vous en!

Allons-nous en aussi. Pour retourner chez

M. Jones, nous traversons de grands quartiers populeux, déserts sous la pluie; dans cette fourmilière humaine, toutes les fenêtres sont éclairées : on passe de distance en distance au pied des silhouettes dressées dans l'ombre des clochers innombrables de Londres ou à travers les feux électriques des bars; le Vaisseau, le Cygne, l'Etoile et la Jarretière. En arrivant sur le pont de Westminster, à notre droite s'ouvre la gueule d'une caverne gigantesque, tout illuminée, d'où s'échappe une fumée éclairée qui s'élève lentement : c'est le vaste hall de la gare de Charing-Cross; à gauche, les longues fenêtres à meneaux du Parlement sont toutes vives de lumière et au sommet de la tour de l'Horloge brûle la célèbre lampe qui annonce au monde que le Parlement est en séance.

⁂

Il serait difficile, afin de donner une idée

générale du talent de M. Jones, de le comparer à un de nos auteurs dramatiques modernes. M. Pinero, l'auteur de *la Seconde Madame Tanqueray*, ferait songer aussitôt à Dumas fils. Mais M. Jones, tout en se montrant moins brillant, moins artiste peut-être que son rival, demeure plus original et plus anglais. Si l'auteur des *Menteurs*, de *Saints et Pécheurs*, des *Crusaders* et du *Triomphe des Philistins* compte un ancêtre dans notre littérature, c'est vraiment, — quelle que soit la distance que l'on mette entre eux, — le créateur de Tartufe. L'écrivain anglais n'a certes pas donné des types comparables à ceux du faux dévot, de l'avare ou du misanthrope; son œuvre n'est pas aussi généralement humaine ; mais les procédés de son esprit me semblent les mêmes. Voyez cette franchise de l'attaque dans la satire. Les notables de Market-Pewbury sont réunis pour décider si la présence de certain tableau dans leur ville n'est pas un danger pour la morale publique: Jorgan.

— Voyons, monsieur l'artiste, voulez-vous nous montrer votre peinture? Comment l'appelez-vous? — Willie : *Une Bacchante.* — Jorgan : *Une Bacchante?* Qu'est-ce que c'est que ça! Une sorte de Bacchus femelle, hein? — Willie, souriant : Mon Dieu, pas tout à fait, mais quelque chose d'approchant. — Jorgan : Plaît-il? Monsieur Skewet, vous qui êtes un apôtre de tempérance... — Skewet (clignant de l'œil) : Oui. Et je demande une réponse claire à une question claire. Cette peinture représente-t-elle Bacchus femelle, oui ou non? — L'artiste, en haussant les épaules, enlève le rideau qui couvre le tableau, ce qui provoque des pensées et des réflexions bien contradictoires chez nos notables hypocrites. Dans l'un de ses plus récents ouvrages, *les Manœuvres de Jane,* M. Jones, abandonnant son ton sérieux habituel, nous a donné une farce énorme et truculente, riche de quelques-unes des inventions qui naissaient dans le cerveau subtil de Scapin. Le personnage de lord Bapchild, si bien joué par l'acteur Cyril Maude, qui en a fait le type du jeune pair héritier d'une grande fortune territoriale et d'une immense faiblesse intellectuelle; Paméla, la petite fille malicieuse qui écoute aux portes; l'épisode du voyage en mer, tout, jusqu'aux moindres détails d'une mise en scène soignée, contribue à faire un splendide échantillon de comique vrai et de gaieté anglaise.

Oui, bien anglaise, et c'est une des grandes qualités de M. Jones. Il n'est pas besoin de lire beaucoup de son œuvre pour sentir ce parfum de terroir. Voici, au hasard, le portrait d'un des personnages dans *le Triomphe des Philistins* : « M. Pote est un petit homme doucereux, chétif et affecté, avec la plus choquante amabilité dans ses manières et l'habitude de caresser affectueusement la personne à laquelle il parle; myope et larmoyant; cheveux soigneusement pommadés et s'élevant en triangle sur le haut du front; s'avance sur la pointe des pieds, se balançant en avant et en arrière, craignant sans doute, s'il marchait comme tout le monde, d'avoir l'air trop présomptueux. » Cela ne vous rappelle-t-il pas une caricature de Punch ou quelque personnage de Dickens?

En outre, pour un Français, il me semble que la simple physionomie des mots trahit dès l'abord le génie de l'auteur. Si celui-ci est Anglais pur de race, il emploiera de préférence, sans le vouloir, des mots d'origine saxonne, bien que ceux venus du latin soient dans la proportion de 39,000 contre 14,000. Je ne sais si cette remarque a déjà été faite; mais quelques expériences pourront intéresser. J'ouvre un des articles de critique de M. Jones et je tombe sur cette phrase: « Plenty of coarse, witless jesting but little real mirth: not one thoroughly merry and healthy English face did I see amongst all those myriads. I saw no real happiness, but only fierce anxiety, flurry, restlessness, scrambling and crowding into third class carriages to be whirled away for a few miles for a few hours from deadening barren toil to deadening barren pleasure ». Je traduis : « Beaucoup de plaisanteries grossières et sans esprit, mais peu de gaieté véritable : non, je n'ai pas vu parmi tous ces milliers d'individus une seule de ces figures anglaises si joyeuses et si saines. Je ne vis pas de bonheur véritable, mais seulement de l'anxiété farouche, de l'agitation, de la turbulence, des escalades et des empilements dans les compartiments de troisième classe : tout cela pour être entraîné dans un tourbillon pendant quelques milles et durant quelques heures loin d'un travail ingrat qui épuise vers un plaisir ingrat qui épuise. » Maintenant, proposez de remettre cette phrase en anglais à un auteur latinisant comme M. Pinero, M. Hamilton Aïdé, ou encore à un Français, qui a l'habitude d'écrire en anglais, M. Max O'Rell ou M. A. Filon ; ils donneraient probablement une version dans le genre de celle-ci : « Plenty of *indelicate* and *stupid joking* but little real *gaiety*. I did not see one *completely jovial* and healthy English face amongst all those myriads. I saw no real *felicity* but only fierce anxiety, *haste, agitation*, rushing and *pressing* into third-class carriages to be hurried away for a few miles for a few hours from *exhausting, vain labour to exhausting vain pleasure.* »

La difficulté d'établir les généalogies des écrivains permettrait sans doute de critiquer mon observation; mais je crois qu'en général, plus un Français trouve dans un livre anglais de mots à mine rébarbative, inconnus de lui, plus il a chance de lire un auteur d'esprit vraiment saxon; par exemple Bunyan, Defœ, Dickens. Il faut aussi tenir compte de la nature du sujet traité: les questions scientifiques, pédagogiques, artistiques nécessitent les mots d'origine latine. Si M. Jones voulait refaire un chapitre de l'*Origine des espèces* de Darwin, il emploierait forcément beaucoup moins de mots saxons que dans ses comédies, où il écrit la langue parlée. Mais, tout à l'heure, quand j'ai tenté une expérience, j'ai choisi un ouvrage de critique: la remarque est donc juste.

C'est ainsi que de fond et de forme, de pensée, de style et de mots, le talent de M. Jones, toujours grandissant depuis *Saints et Pécheurs*, est fait de véritable génie anglo-saxon, de la pure moelle du lion.

BIBLIOGRAPHIE. — Only Round the Corner, 1878; A Clerical Error, 1879; His Wife; The Silver King, 1882; Saints and Sinners, 1884; Hoodman Blind; The Noble Vagabond; The Lord Harry; Heart of Hearts; Hard Hit; The Middleman, 1889; Judah, 1890; The Dancing Girl, 1891; The Crusaders, 1891; The Bauble Shop, 1893; The Tempter, 1893; The Case of Rebellious Susan, 1894; The Triumph of the Philistines, 1895; Michael and his Lost Angel, 1896; The Rogue's Comedy, 1896; The Physician, 1897; The Liars, 1897; The Manœuvres of Jane, 1899; Carnac Sahib, 1899; Mrs Dane's Defence, 1900.

SYDNEY GRUNDY

SYDNEY GRUNDY

M. Sydney Grundy s'est dit un jour : « Comment résoudre le problème de la vie confortable ? » Il a appelé à lui toutes les notions britanniques sur le sujet et s'est installé dans Addison Road : imaginez-vous une rue d'Auteuil, tranquille et aérée, une maison carrée et massive entre une cour et un jardin transformé en verger ; le cabinet de travail, bien éclairé, est peuplé de ces fauteuils de cercle, si profonds et si bas, qu'on y est comme enseveli ; sur le bureau spacieux s'étalent en éventail une douzaine de pipes et dans un coin secret de la bibliothèque doivent être cachés le brandy and soda. Le reste est à l'avenant.

Avant de meubler ce nid, M. Grundy avait assuré ses moyens d'existence. Au sortir du collège d'Owens à Manchester, où son père venait d'être élu maire, le jeune homme s'était lancé dans l'étude du droit, et, avant sa majorité, il avait reçu le diplôme d'avocat. Mais, tout en préparant ses examens, il songeait combien il est aisé de se procurer les éléments nécessaires au métier d'écrivain ; il suffit de crier dans un café : « Garçon, de quoi écrire ! » et M. Grundy se mit à brocher pas mal de leaders pour les journaux de Manchester. Cependant, pour bâtir la maison d'un journaliste, il fallait bien des étages de copie; notre homme chercha autre chose. Romancier? Cette simple pensée lui donnait une crampe dans la main. Auteur dramatique? Cette fois, il suffisait de quelques pages à écrire, deux heures de conversation jetée sur le papier et l'on était peut-être devenu millionnaire. Décidément il n'avait à choisir qu'entre l'industrie et le théâtre : il se donna à ce dernier.

Sa première pièce : *A Little Change*, un lever de rideau en un acte, fut envoyée par la poste au directeur du Haymarket Theatre avec ces mots en marge : « A jouer sans droits d'auteur. » Un soir, en rentrant au logis, M. Grundy trouva cette note laconique : « Votre pièce est en répétition ; Robertson et Kendal (deux grands acteurs d'il y a vingt ans) joueront les principaux rôles. » Depuis ces débuts séduisants, notre auteur a fait représenter une trentaine de pièces dont la plupart et généralement les meilleures sont ou bien adaptées du français ou bien suggérées par nos pièces : *The Snowball* (*la Boule de neige*) est tirée d'une pièce de Scribe : *Oscar ou un mari qui trompe sa femme* ; *In honour bound*, une pièce absolument originale, mais dont l'idée est encore empruntée à Scribe dans *Une Chaîne*, me semble un véritable petit chef-d'œuvre dont il serait amusant d'écrire une nouvelle version française pour quelque comédie de salon ; *Mamma*, tel est le titre anglais des immortelles *Surprises du divorce ; A Pair of Spectacles* est traduite des *Petits Oiseaux* de Labiche ; *A Village Priest*, un drame long et pesant, fut suggéré par *le Secret de la Terreuse ; A Bunch of Violets* vient de *Montjoye* d'Octave Feuillet ; *A Marriage of Convenience* traduit fidèlement *Un mariage sous Louis XV* par Dumas père, et dans *Three Musketeers* revivent nos vieilles connaissances Athos, Porthos, Aramis et d'Artagnan.

Mais que vaut ce travail d'adaptation ? Est-ce simplement œuvre de traducteur qui pratique quelques coupures plus ou moins adroites ? C'est le plus souvent un travail de reconstruction et dans bien des cas il serait aussi facile de bâtir sur un plan neuf que de se servir des matériaux d'autrui. Ne pourrait-on donc pas offrir sans retouche une pièce française à un public anglais ? Non, car rien ne le choquerait plus au théâtre que la peinture réelle de ses caractères et de ses mœurs. Comme beaucoup de défauts et de vices lui sont communs avec les Français, il faut retoucher largement nos pièces souvent trop franches. Mais, dans une pièce bien construite, toutes les parties se tiennent étroitement; souvent une très petite omission ruinera tout l'équilibre? Sans doute, aussi lisez quelques-unes des adaptations anglaises, par exemple *the Snowball*, avec le texte français en regard; vous verrez que M. Grundy culbute sur son bureau tout l'édifice original, et, avec des morceaux choisis, rebâtit une œuvre qu'il a vraiment le droit de signer.

La langue vient ajouter à ce travail une nouvelle difficulté. « Le français, m'a dit M. Grundy, est plus riche que l'anglais; il possède beaucoup de synonymes et bien des mots dont le sens, tout en étant très précis, peut s'élargir, prêter à double entente, à une allusion spirituelle. Quand je traduis une pièce française, je retrouve constamment sous ma plume le même mot anglais et tout le brio du dialogue, la fine mousse d'esprit, disparaissent. En outre, il y a deux expressions qui me manquent complètement : Mon Dieu ! et Hein? *My God* ou *for God's sake* signifierait presque : Nom de Dieu ! Quant à *hein*, combien de fois j'aurais eu besoin de cette sorte de grognement pour animer un dialogue ou rompre une tirade ! Enfin, le français est plus clair, plus précis, plus net : je vous étonnerai sans doute si je vous dis qu'au moment de terminer un acte je pense et j'écris toujours mes dernières scènes en français. »

Cet hommage rendu par M. Grundy à notre langue ne serait sans doute pas compris de tous ses compatriotes ; ils prétendent assez volontiers que la langue française n'est pas riche et ils en donnent une raison qui, à première vue, paraît sérieuse : les bons dictionnaires d'italien, d'espagnol ou d'anglais contiennent beaucoup plus de mots que les nôtres ;

un vocabulaire complet des mots employés en Angleterre pendant les trois derniers siècles compterait au moins 200,000 mots! Certes, Larousse et Littré restent bien au-dessous de ce chiffre; mais une langue n'est pas constituée par les expressions techniques, vieillies ou argotiques. Quant aux mots courants, je me demande s'ils ne sont pas plus nombreux en français qu'en anglais; en tous cas, ils sont pris dans beaucoup plus de sens, au moins les noms et les adjectifs, car les verbes anglais, sous l'influence d'une préposition, tournent comme des girouettes vers toutes sortes de significations opposées.

M. Sydney Grundy ne s'est pas borné à adapter des pièces étrangères; il a écrit de nombreuses comédies originales qui ont bien supporté le feu de la rampe. Dans *Sowing the wind* (*Qui sème le vent...*), dans *An Old Jew* (*Un vieux Juif*), et surtout dans *The greatest of these* (*La plus grande des trois vertus*), à un vif intérêt dramatique se joignent des peintures de la vie anglaise, des traits de caractère et de mœurs, que malheureusement le système de l'adaptation supprime le plus souvent. Dans *The greatest of these,* sa meilleure œuvre, M. Grundy s'est attaqué au puritanisme, cette grande force anglaise, égoïste et dure, qui jeta sur tout le pays et jusque sur les visages, autrefois très gais, un masque sérieux et triste. Et voici comment, avant de l'abandonner pour toujours, Mrs Armitage parle à un puritain, son mari : « Je ne crois pas, Jan, que volontairement vous ayez jamais dit une parole méchante ou commis une mauvaise action ; mais la vertu, la pure vertu, celle qui n'est rien d'autre est par dessus tout haïssable. J'ai essayé de l'aimer ; autant aimer une statue ! Embrassez-la, elle vous glace jusqu'aux moelles ; bien plus, elle vous souffle la révolte. J'ai tellement contemplé votre vertu, votre honneur, votre loyauté que j'en ai grincé des dents. Enfin, Jan, après vingt-deux ans de mariage, je crois, je suis sûre qu'il n'y a pas au monde de maniaque plus dangereux qu'un honnête homme, n'agissant jamais que pour accomplir son devoir. Rien ne l'arrête : il tuerait son propre enfant. » Vous voyez comme nous nous trouvons aux entrailles d'un sujet bien anglais et aussi universellement humain puisqu'il s'agit de la lutte entre la nature et la religion, entre l'amour et le devoir. Après un drame poignant et une faute de Mrs Armitage, le puritain s'élève jusqu'à la sublimité du pardon, comprenant enfin que *la plus grande des trois vertus* divines, c'est la charité.

Depuis *The greatest of these*, M. Grundy, satisfait sans doute d'avoir fait ses preuves, a écrit des pièces simplement pour flatter le goût du public anglais : grands spectacles, somptueux décors, actions invraisemblables, caractères puérils... ; il a gagné beaucoup d'argent. Quand voudra-t-il se souvenir qu'il est un grand écrivain dramatique?

BIBLIOGRAPHIE. — A Little Change, 1872 ; Mammon, 1877; the Snowball, 1879 ; In Honour Bound, 1880 ; the Vicar of Bray, 1882 ; the Glass of Fashion, 1883 ; the Queen's Favourite, 1883 ; The Silver Shield, 1885; Clito, 1886; the Bells of Haslemere, 1887; the Arabian Nights, 1887 ; the Pompadour, 1888; the Union Jack, 1888; Mamma, 1888; the Dean's Daughter, 1888; A white Lie, 1889; A Fool's Paradise, 1889; Esther Sandraz, 1889 ; A Pair of Spectacles, 1890; A Village Priest, 1890; Haddon Hall, 1892; Sowing the Wind, 1893; An Old Jew, 1894; A Bunch of Violets, 1894; the New Woman, 1894; Slaves of the Ring, 1894; the Late M. Castello, 1895; the Greatest of These, 1895 ; A Marriage of Convenience, 1897; the Silver Key, 1897; the Musqueteers, 1899 ; the Degenerates, 1899; the Black Tulip, 1899; A Debt of Honour, 1900, qui développe le sujet de In Honour Bound.

SIR CHARLES DILKE

10

SIR CHARLES DILKE

On se représente volontiers sir Charles Dilke dans les couloirs de la Chambre des Communes. C'est un M. P. (Membre du Parlement) affairé, des Livres Bleus ou des documents sous le bras, s'attardant peu dans les conversations des groupes, cambrant sa haute taille dans une redingote élégante et forçant son chemin un peu dédaigneusement vers son banc de député. La tête, légèrement renversée en arrière, grisonne maintenant et se dégarnit aux tempes ; le regard est inquisiteur, la physionomie extrêmement mobile. Mais, en ce moment, j'ai sous les yeux des photographies qui représentent sous un tout autre aspect le célèbre homme d'Etat ; en déshabillé, en caleçon de canotier. La scène se passe à Dockett Eddy, la maison de campagne de sir Charles, auprès de Shepperton, dans le Middlesex sur les bords de la Tamise. Une périssoire, enlevée par deux bras vigoureux, file dans l'ombre que les grands chênes projettent sur le fleuve ; le soleil est chaud, l'eau tranquille et le clapotis de l'aviron trouble seul le silence profond de la campagne anglaise ; puis l'embarcation s'arrête à un tournant de la Tamise auprès d'un vieux cottage qui s'élève au milieu d'un parc : c'est une maison très basse, un rez-de-chaussée coiffé d'un toit, enseveli sous le lierre, la vigne vierge et les roses. A quelques yards de l'ancienne bâtisse, sir Charles et lady Dilke ont fait élever une maison pareille pour loger leurs hôtes, jouissant à la fois de la solitude et de la société, du tête-à-tête et de la réunion.

L'année dernière, à un journaliste venu l'interviewer sur les récents développements de l'impérialisme britannique, sir Charles Dilke ouvrit son cœur : « Je n'ai qu'une heure à vous donner, dit-il, car j'ai rendez-vous pour canoter avec un ami. J'adore cet exercice qui me rappelle mes vingt ans, lorsqu'en 1862 j'étais à Trinity-Hall, Cambridge, que j'étudiais les mathématiques ou passais ma licence en droit. — Pourrais-je demander à l'auteur de *Greater Britain*... insinuait le reporter. — *Greater Britain*, oui, oui ; cela me fait songer que j'ai canoté sur le Potomac, le Mississipi et le Gange ! — Sir Charles ne songe plus à l'influence du climat sur la race ni à celle de la race sur la forme de gouvernement, reprenait le journaliste ; mais je désirerais savoir si pour l'Egypte et le Transvaal vous gardez toujours la théorie... — Ma théorie, la voici, répondit sir Charles Dilke : la godille et la rame sont deux instruments bien différents. Avec la godille tout professeur de troisième classe peut battre n'importe quel amateur de premier ordre. A la rame, au contraire, le professeur n'est plus de force. Voyez-vous, le canotage à la rame ne s'enseigne bien qu'à Eton et Radley. Dans ces grandes Ecoles le jeune garçon prend un style, une rapidité, une légèreté de poignet qu'on n'acquiert plus dans le reste de sa vie : c'est ce qu'un professeur ne peut s'apprendre à lui-même. Pour la godille, le professeur commence très jeune et se donne une méthode qui lui convient personnellement, mais qui serait désastreuse dans un équipage de quatre ou huit. Je vous dirai encore qu'au mois de septembre, l'année dernière, j'ai commencé la godille avec Bill East, un fin dilettante et un fameux professeur ; mes progrès sont extraordinaires ! »

Le correspondant du *British Realm* ne put en savoir plus long ; mais les actes et les ouvrages de sir Charles Dilke vont nous renseigner sur sa philosophie politique.

*
* *

En juillet 1868 Charles Dilke fut nommé député de Londres par les électeurs du district de Chelsea : il avait vingt-cinq ans et personne n'avait encore, aussi jeune, représenté une circonscription de la métropole. Vers le même temps, son père mourait et le jeune homme héritait à la fois du titre de baronnet et d'une grosse fortune : le célèbre journal littéraire l'*Athenæum* devenait sa propriété et durant quelque temps il en prenait la direction. Mais les débats à la Chambre des Communes, où il se rangeait parmi les premiers orateurs, ne tardaient pas à absorber toute son activité. Sir Charles, à cette époque, représentait le radicalisme le plus intransigeant et ne craignait pas de déclarer hautement ses préférences pour la forme républicaine de gouvernement. La question des dots royales, à propos du mariage de la princesse Louise, lui donna une occasion de se signaler. En termes énergiques, il dénonça l'énormité du fardeau que faisait peser sur les finances du pays la liste civile de la famille royale ; puis il fit remarquer que jamais, avant le présent règne, le Parlement n'avait eu à s'occuper des branches cadettes de la famille royale, sauf pour régler l'ordre de succession au trône, « le roi seul, disait-il, peut vous demander des crédits, et au roi seul doivent s'adresser les cadets de sa famille. » C'était une manière détournée de rogner les dépenses royales. Sir Charles Dilke défendit ses vues dans une série de discours à Newcastle, à Leeds, à Bristol ;... les meetings étaient orageux, dégénéraient souvent en bataille et à Bolton plusieurs des amis de l'orateur furent blessés ; l'un d'eux fut même tué à coups de barre de fer. Quelque dix ans plus tard, M. Gladstone devait se ranger à l'opinion de sir Charles Dilke : aujourd'hui, il n'est plus accordé de dots aux cadets de la famille royale. — Entre temps, sir Charles avait pris part ou attaché son nom à de nombreuses réformes, telles que le vote des femmes dans les Conseils de fabriques (vestries), certaines modifications pratiques dans le vote au scrutin secret à Londres (Dilke's Act) ; aussi un amendement en faveur des ouvriers agricoles.

Aux élections de 1874, sir Charles Dilke résuma ainsi le programme radical : *free Schools, free Church, free Land, free Law* (Ecoles libres, Eglise libre, Terre libre, Loi libre). Malheureusement, la brochure de propagande électorale, où se trouve cette formule magique, reste muette sur la façon dont le candidat développait ses idées. Que proposait-on, il y a vingt-six ans, et jusqu'où le programme a-t-il été exécuté ? J'en suis réduit aux conjectures suivantes.

D'abord les Ecoles libres. Vous savez qu'en 1870, sous le gouvernement de M. Gladstone, fut votée la loi qui rendait l'instruction obligatoire. Le parti radical déclara alors que pour mettre tous les citoyens du Royaume-Uni en mesure de remplir cette obligation, l'instruction devait être gratuite. Cette doctrine fut d'abord rejetée et on décida qu'une rétribution de 4 à 8 sous suivant les localités serait exigée par semaine et par enfant. De la sorte fut payé environ un quart des dépenses nécessitées par la nouvelle loi. Mais la doctrine radicale n'avait été battue que pour un temps; elle grandit en popularité, cessa bientôt d'être le programme d'un parti et, en 1891, l'instruction gratuite fut légalement établie. Toutefois, dans les districts où les électeurs le permettent, les autorités communales peuvent ériger des écoles où une faible rétribution est encore exigée. Cette restriction est légère et l'on peut dire que le « free Schools » de l'ancien programme radical de sir Charles Dilke a été réalisé.

En second lieu, on réclamait « l'Eglise libre ». Il s'agissait, sans doute, du « disestablishment » de l'Eglise d'Angleterre, c'est-à-dire la séparation de l'Eglise et de l'Etat. La reine, le premier ministre et les évêques, disait-on, se sont attribué une autorité assez semblable à celle du Pape et du collège des cardinaux à Rome ; or, il faut imiter davantage l'Eglise primitive, véritable association démocratique dans laquelle chaque membre prenait part à l'élection des ministres et au vote des règlements administratifs.

Les deux dernières parties du programme « terre libre, loi libre », me paraissent surtout des réclames électorales comme le fameux : « Un hectare et une vache », que M. Chamberlain promettait à chacun de ses électeurs dans ses anciennes professions de foi, alors radicales. Les mots « loi libre » visent sans doute les frais de justice si lourds en Angleterre.

Ainsi, des quatre articles de ce grand programme, un seul, « Ecoles libres », a été exécuté... par un gouvernement conservateur, et les autres semblent abandonnés aujourd'hui. Je viens de lire les professions de foi de deux candidats au siège de député de John Lubbock, récemment élevé à la dignité de lord et pair du royaume : l'un des candidats était libéral-unioniste, l'autre se disait radical ; tous deux envoyèrent des lettres alléchantes et assez semblables à leurs électeurs, mais rien qui ressemblât à un programme politique.

Pour la politique extérieure, les idées de sir Charles Dilke ont, au contraire, grandi en importance avec la crise que traverse en ce moment l'empire britannique. Il y a trente ans, la publication de *la Plus Grande Bretagne*, récit d'un voyage autour du monde dans les pays anglo-saxons, jeta les premiers germes de cet impérialisme qui devait merveilleusement fructifier. Qu'est-ce que l'impérialisme ? « Certaines personnes, dit sir Charles Dilke, paraissent croire que la Grande-Bretagne doit avec ses seules ressources défendre l'empire contre tout venant. Mais la doctrine la plus logique veut que tout sujet de la reine soit obligé de prendre part à la défense de n'importe quelle portion des possessions de la reine. La plus grave question posée à notre génération est celle de savoir si l'empire britannique deviendra une série d'Etats indépendants, quoique amis, ou formera réellement cette unité militaire qui est aujourd'hui plus sentimentale que réelle. Si le principe de l'unité de l'empire et de l'unité de ses défenses est maintenu, chacune de nos possessions jouira de la plus grande sécurité qu'on puisse imaginer. L'empire britannique pourra se tenir à l'écart de toute alliance et poursuivre une politique uniquement inspirée par l'intérêt immédiat de ses sujets. »

Les impérialistes inventèrent donc des cérémonies comme le Jubilé de la Reine où l'on amena des princes et des ministres de toutes les colonies, et des guerres d'empire comme celles du Soudan et du Transvaal. Mais ici sir Charles Dilke se sépara d'eux nettement. Comme Voltaire après sa découverte de Shakespeare, il essaya d'arrêter l'engouement pour la théorie nouvelle : il conseilla la politique d'intervention en Asie et blâma celle de conquêtes en Afrique. Tous les votes de l'auteur de *Greater Britain* sont inspirés par ce principe. En 1875, il parle contre l'annexion du Transvaal ; en revanche, en 1881, il prononce un discours en faveur de l'occupation de Kandahar, forteresse avancée de la frontière Nord-Ouest de l'Inde, prise, en effet, quelque temps après, par lord Roberts ; fréquemment il blâma l'occupation de l'Egypte et du Soudan, ce qui lui valut en France une grande popularité. En janvier 1881, alors que depuis un an il est sous-secrétaire d'Etat pour les affaires étrangères dans le gouvernement de M. Gladstone, il prend de nouveau la défense des Boers, et dans une séance importante, avec M. Bright, M. Courtney et M. Chamberlain lui-même, tous trois membres du gouvernement, il quitte le Parlement plutôt que de voter avec la majorité l'annexion du Transvaal : cette manifestation éclatante amène des hésitations dans l'Assemblée ; peu de temps après, la paix est conclue et les conventions, tant discutées depuis, sont signées.

Lorsque le Cabinet Gladstone fut tombé du pouvoir, sir Charles occupa ses loisirs en publiant : *l'Europe en 1887*, ouvrage traduit en français par mademoiselle de Bovet ; *l'Armée britannique* ; *Problèmes de la plus grande Bretagne et Défense impériale* [1]. Comme l'auteur a suivi toute la guerre franco-prussienne, nos grandes manœuvres de 1891 et s'est toujours intéressé aux questions militaires, il traite son sujet avec une clarté parfaite et une grande compétence. Suivant lui, le premier principe de la défense de l'empire est une supériorité absolue de la marine. Cette supériorité doit être telle qu'au moment d'une déclaration de guerre, par exemple avec la France, tous nos vaisseaux puissent être bloqués dans les ports par des navires anglais dans la proportion de

1. En collaboration avec M. Spenser Wilkinson.

cinq cuirassés contre trois cuirassés français et de deux croiseurs contre un. Par surcroît il est essentiel qu'une flotte de réserve soit prête à combattre les navires qui réussiraient à forcer le blocus. Ce plan réédite celui de lord Saint-Vincent, premier lord de l'Amirauté en 1803.

Une fois la domination de la mer assurée, il faut défendre la frontière Nord-Ouest de l'Inde. Une invasion russe n'est pas à craindre, du moins pour le présent : la Russie asiatique et l'Inde anglaise sont séparées par une distance qui, pour paraître très petite sur les cartes, n'en est pas moins immense ; entre l'Oxus au nord et le golfe Arabique au sud, on compte 800 milles, c'est-à dire aussi loin que de Paris à Dantzig ; de la frontière persane ou de Hérat jusqu'à la limite de Kashmir, l'étape est de 700 milles, plus loin que de Venise à Copenhague. En outre le pays, en partie inexploré, est le plus montagneux du monde : imaginez-vous les Pyrénées entassées sur les

Alpes et couvrant une région immense. Cependant toute avance des Russes vers Kaboul et Jalalabad aurait un terrible retentissement dans la péninsule indienne. On sait que l'Angleterre a promis de défendre l'émir d'Afghanistan; si elle y manquait, « l'Indien penserait » que c'est la Russie qui est le pouvoir fort, et » se révolterait. Déjà le bruit s'est répandu qu'il » y a d'autres hommes, les Russes, qui peuvent » lutter de courage avec les Anglais. On dit » que l'incident de Penjdeh, qui rendait pos- » sible un conflit entre la Russie et l'Angle- » terre, souleva dans l'esprit des Hindous la » question terrible. L'accord de 1888 a retardé » la réponse. Les indigènes ont compris que » la commission des frontières avait tracé une » ligne que la Russie ne devait pas franchir. » Si réellement la puissance britannique aux Indes repose ainsi sur une base morale, ne peut-on redouter aujourd'hui pour elle l'effet d'une campagne d'abord malheureuse au Transvaal?

Dès 1897, sir Charles n'était pas rassuré sur la force des troupes de ligne. Bien différent du régiment allemand ou français, le bataillon anglais passe son existence à faire le tour du monde ; ses garnisons sont à Gibraltar, dans l'Inde, en Australie. Par conséquent, un corps d'armée ou même une division n'existent pas dans l'armée anglaise autrement que sur le papier et l'art de les faire manœuvrer est parfaitement inconnu. Des officiers ont étudié des théories ou des traités étrangers ; personne n'a reçu les enseignements de la pratique, et pourtant, un corps d'armée est aussi difficile à conduire qu'un cuirassé de premier rang.

Depuis la publication de *Imperial Defence* et de quelques autres courts essais comme *Army Reform*, *British Empire*, sir Charles Dilke a renoncé à écrire : il s'est replongé dans la vie politique. Pendant plusieurs années, il avait joui de loisirs forcés ayant quitté la vie publique « à la suite d'un de ces procès ridicules, dit M. Filon, où l'on voit la justice anglaise, tout emperruquée, coller son œil au trou des serrures et compulser avec un grave et sournois plaisir le linge sale des hôtels garnis ». En juillet 1885, un M. Donald Crawford avait déposé une plainte en adultère contre sa femme et une demande en divorce : des poursuites étaient intentées contre sir Charles Dilke désigné comme complice par Mrs Crawford elle-même. Deux mois après sa dénonciation, sir Charles épousait en secondes noces la veuve de Mark Pattison, le célèbre recteur de Lincoln College d'Oxford. Rien n'était plus touchant que le dévouement de cette admirable femme au moment où la haine et l'envie faisaient rage contre l'homme qu'elle aimait. Dans le procès en divorce Mrs Crawford ne parut pas à la barre, sir Charles plaida non coupable et fut renvoyé de la cause avec les frais à sa charge. Comme ses ennemis ne désarmaient pas, il demanda, en 1889, à reprendre les débats pour établir la vérité d'une manière plus éclatante; mais ses pétitions à la Cour des divorces et à la Cour d'appel furent rejetées. Pendant les années qui suivirent sir Charles et lady Dilke parcoururent de nouveau les routes du British Empire, firent de fréquents séjours en France qu'ils aiment et dont ils possèdent remarquablement la langue. Pendant que son mari écrivait *les Problèmes de la plus grande Bretagne*, lady Dilke publiait de délicates nouvelles : *Shrine of Death*, *Shrine of Love* et des critiques d'art qui ne s'oublieront pas.

En 1892, l'heure de la réparation sonnait. Ayant perdu son siège de Chelsea après son procès, sir Charles sollicita les suffrages des électeurs de la Forest of Dean, dans le comté de Gloucester. Il fut réélu et reprit une place prépondérante au Parlement. Quand les libéraux reviendront au pouvoir, il fera partie du Cabinet. L'Angleterre ne sera pas plus longtemps privée des services de celui dont Bismarck disait : « C'est un des hommes les plus intelligents de son pays. »

BIBLIOGRAPHIE. — Greater Britain, 1868; the Fall of Prince Florestan of Monaco; the Present Position of European Politics, 1887; the Bristish Army, 1888; Problems of Greater Britain, 1890; Imperial Defence 1891; British Empire, 1898.

AUSTIN DOBSON

AUSTIN DOBSON

Avant de vous présenter quelques poètes anglais, je voudrais essayer une brève digression sur la prosodie anglaise : même ceux d'entre nous qui ont fait des études d'anglais ne l'ont pas toujours comprise.

Les vers anglais sont de deux sortes : ceux qui sont rythmés, comme la plupart des vers de Shakespeare, et ceux qui sont à la fois rythmés et rimés. On se préoccupe de la rime pour l'oreille et non pour la vue : ainsi cow (prononcez caô) rime avec plough et non avec low (lô). On ne cherche pas, comme en français, à contenter l'oreille et les yeux ; de l'autre côté du détroit, la prononciation est trop fantaisiste, et l'on considère comme rimes riches *ocean* et *motion*. Quant au rythme, il est produit par le retour des syllabes accentuées à des intervalles, non pas uniformes, mais assez réguliers cependant pour assurer une certaine harmonie.

Le vers anglais, comme le nôtre, se compose de pieds ; mais, tandis que chez nous toute syllabe, même muette si elle n'est pas élidée, forme un pied, en anglais, comme en latin, il faut plusieurs syllabes. La poésie anglaise abonde en ïambes (une brève et une longue); elle nous offre aussi des trochées, des anapestes, des dactyles, des spondées, des amphibraques (une brève, une longue et une brève) et d'autres pieds encore..... C'est une jolie variété. Si vous y joignez que dans tous les vers, sauf généralement dans le pentamètre, on peut faire un mélange fantaisiste des différents pieds, vous commencerez à comprendre quelle peut être la difficulté de scander. En fait, il n'y a pas un Anglais sur mille capable de scander convenablement les poètes modernes qui ont abusé de toutes ces complications.

La difficulté est encore accrue parce que les syllabes anglaises ne possèdent pas comme leurs sœurs latines une quantité fixe ou du moins dont les changements sont soumis à des règles. Ainsi dans le mot *attack* les deux syllabes sont brèves, mais très souvent on les compte comme une brève et une longue. La ressemblance entre les prosodies latine et anglaise reste donc tout extérieure : c'est une invention des grammairiens. La prosodie latine repose sur la quantité des syllabes, la prosodie anglaise sur l'accent. La présence d'une syllabe accentuée seule constitue un pied : pas de syllabe accentuée, pas de pied. Quant à la quantité, on trouvera toujours moyen de bâtir un pied, grâce à la nombreuse variété qui enrichit la prosodie anglaise.

On voit combien ce système, fondé tout entier sur la valeur des accents, laisse de place à l'arbitraire. Est-ce que l'anglais est toujours bien prononcé en Angleterre ? Est-ce que les accents ne varient pas d'une façon déplorable suivant les contrées ? Et quand deux monosyllabes se suivent, n'est-il pas très fantaisiste d'appuyer sur l'un et de glisser sur l'autre ? Ce manque de précision amène d'ailleurs de grandes divergences dans la manière de dire les vers. Quand il s'agit de Pope et de son école, depuis Dryden jusqu'à Cowper, nous nous trouvons presque toujours en face de pentamètres, composés de cinq accents égaux renfermés dans cinq pieds qui sont des ïambes : scander est facile. Mais Shakespeare est moins aisé ; on entend les acteurs prononcer quelques-uns de ses vers de façon très différente parce que chacun a compté à sa manière. Enfin, voici un exemple tiré d'un poète moderne, M. W.-B. Yeats :

I will arise and go now and go to Innisfree.

Je puis scander à volonté deux ïambes, un amphibraque et trois ïambes, ou bien un ïambe, un amphibraque un trochée et ïambes[1].

Mais c'est assez détracter la prosodie britannique ; entrons en relations avec Austin Dobson, William Watson et W.-B. Yeats.

***

Henry-Austin Dobson naquit le 18 janvier 1840 à Plymouth d'un père qui était né en France et d'une mère française. Aussi le poète n'a rien dans sa personne, sauf peut-être son col de chemise, qui trahisse l'Anglo-Saxon. Les cheveux, très poivrés, sont rejetés en arrière sans le souci britannique de la raie bien droite ; la grosse moustache tombe comme celle d'un cent-gardes ; la redingote qui sangle la taille semble celle d'un officier en civil ; le geste et l'esprit sont abondants et rapides. De

---

1. Ī wĭll | ărīse | ăn̆d gō nŏw | ăn̆d gō | tŏ Īn | nĭsfrēē.
Ī wĭll | ărīse|ăn̆d | gō nŏw | ăn̆d gō | tŏ Īn | nĭsfrēē.

même sa poésie, qui n'a rien d'un lyrisme échevelé ni d'une imagination septentrionale, fait songer à quelque élégant et tendre poète français, comme Hégésippe Moreau. Et M. Dobson ne sait-il pas par cœur une grande partie de Musset, dont il s'est souvenu çà et là dans *les Idylles du vieux monde*, *les Proverbes en porcelaine*, *les Vers de société*... ?

A seize ans, le futur poète entra dans l'administration, au ministère du commerce. Ainsi que Daudet, Maupassant, Huysmans, il assit d'abord ses rêves sur un rond de cuir, et ils y demeurent depuis quarante-cinq ans ; le poète aligne toujours des chiffres et des vers, trace des accolades ou marie des rimes. Comme les courtes vacances d'un bureaucrate ne lui ont permis ni les voyages, ni les aventures, il n'a rien d'un *globe trotter*, tel M. Rudyard Kipling, et ne saurait écrire ce genre de vers :

« Le vent dans les feuilles des palmiers et les cloches des [temples disent :
» Reviens, soldat d'Angleterre ; reviens à Mandalay !... »

mais il s'est fait antiquaire, c'est-à-dire voyageur du passé, chanteur de choses mortes, il aime le wedgwod et les figurines de Sèvres, les meubles de Sheraton et de Chippendale, et il s'est plongé dans la littérature du dix-huitième siècle où il nous fait revivre dans la société de Richardson qui écrit *Clarisse Harlowe*, de Fielding qui publie *Tom Jones*. Nous nous promenons dans les jardins du Vauxhall et du Ranelagh où des robes à paniers, aux couleurs changeantes, balaient les verts boulingrins, où des rires frais éclatent sous les charmilles et les berceaux taillés à la manière de Le Nôtre. Quand la nuit tombe on joue à l'hombre et l'on entend une sérénade sur la Tamise. Voilà le monde de M. Dobson : que d'autres préfèrent l'ancienne Grèce, la vieille Egypte ou l'Extrême Orient!

M. Dobson est-il bien sûr qu'il y eut un dix-neuvième siècle? En tout cas, je ne crois pas qu'il y entretienne beaucoup d'amis depuis la mort du poète Savage Landor et de

William Thackeray dont il relit sans cesse *Henry Esmond*.

En 1898, M. Dobson a réuni dans ses *Collected Poems* tous les vers qu'il a cru dignes d'être conservés. Ceux qui me plaisent davantage sont les petits vers, de trois ou quatre pieds, frais, gracieux, pimpants, sobres dans leurs détails avec des descriptions rapides : ils chantent à l'oreille comme un refrain dont on ne peut se défaire. Voici la *Chanson des quatre saisons* :

Lorsque le Printemps rit
Sur les collines,
Que la terre fleurit
Ses aubépines, —
Je chante les matins
Tout à ma guise
Les jolis yeux mutins
De ma promise.

Lorsque est venu l'Été
Couvert de feuilles,
Que l'abeille a goûté
Aux chèvrefeuilles, —
Je chante la splendeur
Rouge qui grise

De tes lèvres en fleur,
O ma promise !

Quand l'Automne a doré
Les blés superbes,
Que les chars ont rentré
Les lourdes gerbes ;
Que la feuille des bois
Danse à la brise ; —
Moi je chante la voix
De ma promise.

Mais lorsque vient l'Hiver,
Qu'il neige et vente,
Que mon feu flambe clair, —
Alors je chante
Les soirs peuplés d'amis
Pleins de franchise,
Et le cœur enfin pris
De ma promise.

Je traduirai encore le premier couplet de *la Laitière, chanson nouvelle sur un vieil air*, dont les rythmes peuvent nous paraître assez neufs :

A travers la *prairie* d'herbe haute et *fleurie*
Elle vient de son pas léger ;

---

1. Across the *grass* I see her *pass* ;
She comes with tripping pace,

Je connais cette *allure*, sa belle *chevelure* !
Qu'un vent de mars fait voltiger ;
Hallo, ma Dollie ! hourrah, ma chère Dollie !
J'aurai pris ton cœur tout entier
Avant les fleurs écloses du mois de Marie
Et les roses de l'églantier.

D'ailleurs, M. Dobson a toujours aimé les ingénieuses combinaisons de vers. Ne trouvant pas assez de variété dans la poésie anglaise, il tourna son attention vers ce qu'on appelle les vieilles formes françaises : le triolet, le rondeau, la ballade. Il découvrit d'abord les *Odes funambulesques*, de Théodore de Banville, puis remonta jusqu'à Ronsard, la Pléiade et Marot. Parmi ses meilleurs essais, *the Wanderer*, c'est-à-dire l'amour qui est un vagabond, nous offre une de ces petites pièces

---

A maid I *know*; — and march winds *blow*
Her hair across her face;
With a hey, Dolly ! ho, Dolly !
Dolly shall be mine,
Before the spray is white with May
Or blooms the eglantine.

de treize vers sur deux rimes avec certaines répétitions de mots que l'on nomme rondeaux; *the Prodigals*, les prodigues qui voudraient recommencer leur journée de la veille, apparaissent en ballade parfaite sur le modèle de « Frère Lubin », de Clément Marot ; de même *Prose and Rhyme*, où l'on chante le bouillonnement poétique qu'Avril et Mai font éclore dans l'âme des poètes après la prose de Novembre.

M. Dobson est considéré comme l'introducteur en anglais de ces vieilles formes françaises, reprises aujourd'hui par de nombreux imitateurs. Pourtant, on pourrait lui trouver des devanciers illustres comme Chaucer (1328-1400), sir Thomas Wyatt, poète et ambassadeur sous Henri VIII, qui écrivirent des rondeaux et Patrick Carey vers 1651, qui a laissé des triolets. Mais l'Angleterre n'était pas mûre pour cette nouvelle conquête ; ballades, rondeaux, virelais et triolets ne firent chez elle qu'une incursion rapide comme ces pirates normands qui débarquaient un instant sur les côtes et reprenaient la grande mer.

M. Dobson n'avait pas besoin de cet intérêt historique pour vivre dans la littérature anglaise ; il y a fait fleurir une grâce, une tendresse et une sobriété qui lui avaient manqué le plus souvent.

BIBLIOGRAPHIE. — Poèmes : — Vignettes in Rhyme, 1873 ; Proverbs in Porcelain, 1877 ; Old-World Idylls, 1883 ; At the Sign of the Lyre, 1885 ; Collected Poems réunis en un volume, 1897. — Prose : Thomas Bewick and his Pupils, 1884 ; Lives of Fielding, 1883 ; Steele, 1886 ; Goldsmith, 1888 ; Horace Walpole, 1890 ; William Hogarth, 1891-1897 ; Four Frenchwomen, 1890 ; Eighteenth Century vignettes, trois séries, 1892, 1894, 1896 ; A Paladin of Philanthropy, 1899.

W. B. YEATS & WILLIAM WATSON

W. B. YEATS & WILLIAM WATSON

Chacun sait que deux lignées d'esprit se partagent la domination des Iles-Britanniques. L'une, d'origine celtique, porte en elle une imagination légère et gracieuse, un idéalisme chimérique, un cœur tendre et un art subtil. L'autre, anglo-saxonne, paraît plus âpre, d'un indidivualisme passionné et d'une poésie plus sombre. Ce sont les Celtes, plus idéologues, qui au dix-huitième siècle ont formé le grand mouvement wesleyen et méthodiste, et au dix-neuvième siècle les grandes agitations populaires, les réformes démocratiques ; ce sont les Anglo-Saxons, plus pratiques, qui ont composé la *gentry* ou haute bourgeoisie anglaise, qui ont étudié et compris le monde presque uniquement par la méthode expérimentale. Cromwell, Bunyan, Carlyle les représentent, tandis que Spenser, Tennyson, Walter Pater sont les fils de l'autre famille.

Il y a quelques années, un Celte de Londres, lui-même poète de talent, M. W. Sharp, a dressé une anthologie de la *Lyra Celtica* ; elle est sans doute fort incomplète, car seulement dans l'Irlande et les hautes terres d'Ecosse on compte au moins 2,000 bardes qui font résonner leur lyre ou leur cornemuse sur les plages, frangées d'écume, de l'Atlantique. Cependant, plus de quatre-vingts poètes hors pair figurent dans ce panceltìcisme : Fiona Macleod, le Rev. Stopford A. Brooke, George Russel qui signe modestement A. E., sir Samuel Ferguson, Aubrey de Vere, Dora Sigerson, George Sigerson Nora Hopper, Douglas

Hyde, Lionel Johnson, Arthur O'Shaughnessy, Fanny Parnell, John Todhunter, Robert Buchanan, Ernest Rhys, le délicat poète irlandais-américain Bliss Carman et enfin William Butler Yeats.

Ici, je cueillerai quelques fleurs de cette anthologie. Elles apportent le plus subtil parfum de poésie celtique, qui s'exhale du poème de *la Rose*, *le Vent dans les roseaux*, et des recueils en prose du folk lore d'Erin : *la Rose secrète*, *le Crépuscule celtique*, et aussi des essais de théâtre national irlandais, comme *la Comtesse Cathleen*, jouée à Dublin il y a deux ans. Voici comment M. Yeats chante ses paysages :

LE LAC D'INNISFREE [1]

Je vais me lever et j'irai, oui, j'irai à Innisfree,
Et je me bâtirai une petite chaumière faite d'argile et de
[branches d'arbre ;

1. I will arise and go now, and go to Innisfree,
And a small cabin build there of clay and wattles made ;

J'aurai neuf sillons de pois de terre, une ruche pour mes [abeilles,
Et je vivrai seul dans la clairière toute pleine de mur-[mures ailés.

Là-bas je goûterai quelque paix, car la paix tombe goutte [à goutte,
Goutte à goutte des voiles du matin sur la terre où chante [le grillon,
Là-bas minuit sera brillant comme une lueur et midi sera [de feu,
Et le soir tout bruissant par les vols des linots.

Oui, je vais me lever et j'irai, car, sans cesse, nuit et [jour,
J'entends l'eau du lac battre de ses coups sourds le [rivage;

Nine bean rows will I have there, a hive for the honey bee,
Ande live alone in the bee-loud glade.

And I shall have some peace there, for peace comes drop-[ping slow
Dropping from the veils of the morning to where the cric-[ket sings;
There midnight's all a glimmer, and noon a purple glow,
And evening full of the linnet's wings.

I will arise and go now, for always night and day
I hear lake water lapping with low sounds by the shore;

Et sur les grandes routes ou les boulevards gris
Je l'entends battre au plus profond de mon cœur.

M. Yeats a chanté aussi les ruines que les Anglais ont faites si nombreuses dans son Irlande ; il s'y est promené le soir, au clair de lune, regardant les feuilles carrées du lierre qui a poussé sur toutes les tombes et les vols blancs des phalènes, écoutant les pas de ceux qui reviennent, preux chevaliers bardés de fer en tête-à-tête avec les fées et les nains. Les sciences mystérieuses du passé et du moyen âge ont tenté son esprit ; il a étudié la nécromancie et l'alchimie, un de ses essais s'appelle *Rosa Alchemica*. Partout s'insinuent dans son œuvre, comme un poison subtil, le mysticisme et le symbolisme. Quelques pièces pourraient être écrites par nos plus récents poètes si l'école symboliste n'était déjà remplacée sur la montagne Sainte-Geneviève par les naturistes.

While I stand on the roadway or on the pavements gray,
I hear it in the deep heart's core.

LE VÊTEMENT, LA BARQUE ET LES SOULIERS[1]

Pour qui donc tissez-vous cette étoffe brillante?

— Pour le vêtement du Malheur :
D'étoffe riche et chatoyante
Sera fait l'habit du Malheur,
D'étoffe riche et chatoyante.

Pour qui filez-vous cette voile frémissante?

— C'est pour la barque du malheur ;
Prompte sur la mer blanchissante
Sera la barque du Malheur,
Prompte sur la mer blanchissante.

---

1. The Cloak, the Boat and the Shoes.

» What do you make so fair and bright?

» I make the cloak of Sorrow :
» O lovely to see in all men's sight
» Shall be the cloak of Sorrow,
» In all men's sight. »

» What do you build with sails for flight? »

» I build a boat for Sorrow,
» O, swift on the seas all day and night
» Saileth the rover Sorrow,
» All day and night. »

Pour qui tricotez-vous cette laine éclatante ?

— C'est pour les souliers du Malheur.
Elle est légère et peu bruyante
La marche agile du Malheur,
Elle est légère et peu bruyante.

A cette poésie harmonieuse, à ce rêve léger et délicat, s'opposent les vers puissants, rudes et tourmentés ou bien froids et hautains des poètes anglo-saxons. Comme on connaît aujourd'hui en France les œuvres de Rudyard Kipling, je prendrai un exemple chez M. Francis Thompson : *le Lévrier du paradis*, chant mystique du pécheur qui fuit l'amour du Christ [1] :

Je l'ai fui, Lui, à travers les nuits et à travers les jours ;
Je l'ai fui à travers les portiques des années,

» What do you weave with wool so white ?
» I weave the shoes of Sorrow,
» Soundless shall be the footfall light
» In all men's ears of Sorrow,
» Sudden and light. »

1. The Hound of Heaven.

I fled Him, down the nights and down the days ;
I fled Him, down the arches of the years ;

A travers les voies tortueuses de mon propre esprit;
Et je me suis caché à ses yeux en me jetant dans les
Ou dans les éclats de rire. [larmes
Je me suis enfui dans les avenues plantées d'espérances;
Atteint par lui, je me suis précipité
Dans les abimes titaniques des craintes,
Me sauvant de ces pieds terribles qui me suivaient, me
Mais, d'une course inlassable [suivaient toujours.
Et d'un pas toujours le même,
Avec la même vitesse, la même majestueuse imminence,
Ils accourent; — et une voix m'atteint
Plus pressante que les Pieds —
« Tout trahira celui qui m'aura trahi... »
A travers la marge du monde je me suis enfui,

I fled Him, down the labyrinthine ways
Of my own mind: and in the mist of tears
I hid from Him, and under running laughter.
Up vistaed hopes I sped;
And shot, precipitated
Adown Titanic glooms of chasmed fears,
From those strong Feet that followed, followed, after.
But with unhurrying chase,
And unpertubed pace,
Deliberate speed, majestic instancy,
They beat- and a Voice beat
More instant than the Feet —
« All things betray thee, who betrayest Me »...
Across the margent of the world I fled,
And troubled the gold gateways of the stars,
Smiting for shelter on their changed bars;

Cherchant un abri.
Pour faire s'ouvrir les pâles portes de la lune
Je les ai fait retentir de sons violents ou d'un murmure
[argentin.
J'ai dit à l'Aurore : Viens vite — et au Crépuscule : Sois
[prompt ;
Sous vos tendres fleurs célestes, cachez-moi
A ce terrible amant.
A toutes les choses rapides j'ai demandé leur vitesse :
Je me suis accroché à la crinière sifflante de tous les
Mais soit qu'ils aient balayé [vents.
Les longues savanes du ciel bleu,
Soit que, conduits par le tonnerre,
Ils aient renversé au milieu du ciel le char qui me pour-
[suit
Embarrassé dans les éclairs qui accompagnent leurs pieds
[dédaigneux,

Fretted to dulcet jars
And silvern chatter the pale ports o' the moon.
I said to dawn : Be sudden — to eve : Be soon ;
With thy young skyey blossoms heap me over
From this tremendous Lover !...
To all swift things for swiftness did I sue ;
Clung to the whistling mane of every wind.
But whether they swept, smoothly fleet,
The long savannahs of the blue ;
Or whether, Thunder-driven,
They clanged his chariot 'thwart a heaven,
Plashy with flying lightnings round the spurn o' their
[feet ;

Cependant ma crainte ne savait pas s'enfuir comme son
[Amour savait me poursuivre.

Ne vous semble-t-il pas que la terreur de la fuite gronde comme un tourbillon dans ces vers peut-être un peu heurtés et obscurs, mais parfois d'une véritable beauté: *Je me suis enfui dans les avenues plantées d'espérances... me sauvant de ces pieds terribles qui me suivaient, me suivaient toujours.*

Moins entraînants, plus froids et hautains, les vers de M. William Watson dominent ceux de la plupart des autres poètes par leur perfection classique. Sans doute, dans l'aristocratie des poètes anglo-saxons, M. Watson mérite un des titres de prince. Généralement, M. Algernon Swinburne est peu compris, le poète lauréat M. A. Austin est surtout connu par ses pièces officielles qui chantent les victoires anglaises dans des expéditions coloniales ou le jubilé de la Reine et je nommerai seulement

---

Fear wist not to evade as Love wist to pursue.

sir Edwin Arnold, Andrew Lang, Lewis Morris. M. Watson passe la plupart des étés dans le pays des Lacs ; et le plus grand des lakistes, Wordsworth, a exercé sur l'auteur de *l'Automne, l'Ode de Mai, Lux Perdita, le Rêve d'un homme, l'Hymne à la Mer*, une influence dont son disciple est fier : solennellement William Watson nous a fait remarquer que ses initiales sont W. W. comme celles de William Wordsworth. Rarement, en effet, on trouverait dans ses œuvres ce qu'on a appelé « l'intensité esthétique » du romantisme, et bien qu'il ait commencé d'écrire au moment de la vogue du préraphaélisme, il a toujours montré le calme et la dignité des anciens maîtres : la plupart de ses pièces, surtout ses sonnets, sont écrites sur du marbre.

Il y a longtemps que le soleil, notre Seigneur[1]
Est venu courtiser la mère des hommes,

---

1. Ode to May.

For of old the Sun, our sire,
Came wooing the mother of men,

La terre, vierge alors,
Au feu vestal dressé devant sa flamme,
Au sein silencieux et timide...

Lisez encore cette strophe de *l'Ombre du Corbeau* :

Quoique les fleurs soient créées sans défaut!
Pour vivre et mourir parfaites,
Quoique les nuages brillants fleurissent et se fanent
Comme des fleurs dans la prairie des cieux,
Partout où le corbeau vagabonde solitaire
On dirait que des veines de nuit sillonnent le matin.

J'abrège les citations, car l'œuvre du traducteur est ingrate. Comment faire comprendre le charme de vers étrangers en les traduisant en prose? Et comment plier la poésie an-

---

Earth, that was virginal then,
Vestal fire to his fire,
Silent her bosom and coy;

1. The Raven's Shadow.

Though the flowers be faultless made,
Perfectly to live and die —
Though the bright clouds bloom and fade
Flow'rlike'midst a meadowy sky —
Where this raven roams forlorn,
Veins of midnight flaw the morn.

glaise aux règles rigoureuses de notre prosodie? Il serait plus aisé de traduire une fois de plus toute l'*Enéide* que de mettre en vers français *le Poème des Sept Mers*, de M. Kipling. Aussi ai-je voulu simplement donner ici une référence qui permît de retrouver de l'autre côté du détroit les sources pures d'Hippocrène sur la montagne Hélicon.

BIBLIOGRAPHIE. — Œuvres de William Butler Yeats. The Wanderings of Oisin, 1889; John Sherman, 1891; the Countess Kathleen, 1892; the Celtic Twilight, 1893; the Poems of William Blake, 1893; the Works of William Blake (with E. J. Ellis), 1893; A Book of Irish Verse, 1895; Poems, 1895; the Secret Rose, 1897; the Wind among the Reeds, 1899. Collected Poems, 1901.

Œuvres de William Watson. — The Prince's Quest, 1880; Epigrams of Art, Life and Nature, 1884; Wordsworth's Grave, 1890; Lachrymae Musarum, 1892; Lyric Love, 1892; the Eloping Angels, 1893; Excursions in Criticism, 1893; Odes and other Poems, 1894; the Father of the Forest, 1895; the Purple East, 1896; the Year of Shame, 1896; the Hope of the World, 1897. — Une édition contenant un choix des meilleures œuvres de M. Watson a paru, en 1898, sous le titre Collected Poems.

EDMUND GOSSE

EDMUND GOSSE

Je ne me suis jamais promené dans Londres un dimanche matin au milieu du grand silence dominical, sous les sons de cloches des églises et dans la poussière irisée du brouillard, tantôt plus épaisse et foncée, tantôt moins dense et toute dorée, sans éprouver une satisfaction vague, ce bien-être vaporeux des rêves où l'on se sent flotter dans l'espace. C'est dans ces dispositions qu'au bout d'une avenue plantée d'arbres, au bord d'un canal, je frappai un jour à la porte de M. E. Gosse. Je crois qu'il m'ouvrit lui-même. Je vis un homme de petite taille, frais rasé, orné de lunettes d'or, les mouvements lents, la parole douce et un air ecclésiastique. Il souriait très affable et bénévole, mais on sentait que, derrière cet aspect tranquille, sa vive intelligence veillait. Il me fit passer par un hall-bibliothèque, qui s'ouvre au demi-étage de sa demeure; les murs sont tapissés de livres ou d'objets artistiques qui sont des souvenirs : un fort joli médaillon de bronze représentant R. L. Stevenson; un portrait à l'eau-forte de Thomas Hardy avec dédicace du grand romancier; un autre du général Wolseley, alors commandant en chef des armées britanniques, des portraits de Walter Pater, Matthew Arnold, Rossetti, Walt Whitman, notre poète Hérédia, qui, tous, forment au délicat critique anglais un noble cortège d'amitié. Quelques marches plus haut, dans le cabinet de travail, les livres règnent sans partage : outre ce qu'il faut pour lire et pour écrire, on n'y trouve rien.

En 1873, M. Edmund Gosse, âgé seulement de vingt-trois ans, publie son premier volume *Sur la viole et la flûte*. Naturellement, c'étaient des vers, mais d'un sentiment délicat et subtil et d'une forme parfaite. Plus tard, il ajouta deux autres recueils *In Russet and Silver* et *Firdausi en exil* d'où s'échappe comme un parfum d'Omar Khayyam, le poète persan, traduit par Fitz-Gerald. Entre temps, il faisait des voyages littéraires en Norvège, aux îles Lofoden, en Suède, en Finlande où il nous montrait Runeberg, le poète des chasseurs d'élans, écrivant ses vers au bord d'un de ces grands lacs qui ondulent entre les forêts et les moors et semblent unir le golfe de Bothnie à la mer Blanche. M. Gosse se promenait dans « les interminables bois de hêtres qui enveloppent l'air de tant de silence que la hache du bûcheron y frappe avec un son mystérieux, presque sinistre; la solitude y est rompue seulement par le bruit des pas d'un Finnois qui se promène ou d'un colporteur russe d'Archangel, qui chante à haute voix pour se tenir compagnie au milieu des bois ». A Munich, M. Gosse découvrait un « gentleman norwégien d'âge mûr » qui s'appelait Henrick Ibsen. Le premier il fit connaître à l'Angleterre Brand et Peer Gynt et salua en Ibsen « un vaste et sinistre génie, une âme pleine de doute, de tristesse, de désir non satisfait ». Quinze ans plus tard, les traducteurs, ayant à leur tête M. William Archer, faisaient représenter à Londres la plupart des drames du grand Norwégien vers le même temps où le Théâtre Libre donnait chez nous la première représentation d'*Edda Gabler*. Mais, à part un certain nombre de lettrés, le public fut étonné et... ennuyé; aujourd'hui le mouvement scandinave, à Londres plus encore qu'à Paris, est entré définitivement dans l'histoire littéraire.

Pendant que se livrait au dehors cette bataille littéraire, M. Gosse se retirait dans ses livres, d'où il ne s'échappait que rarement pour faire des cours à Cambridge ou pour accomplir l'inévitable tournée en Amérique de tout homme littéraire connu : conférences à New-York, à Harvard, Yale, à l'Université de Baltimore. Ses publications scolastiques, très documentées, se suivent à brefs intervalles : *la Vie de Gray* (1882), qui, de tous les ouvrages de M. Gosse, eut le plus grand succès de librairie ; *la Vie de Congreve; Etudes sur le dix-septième siècle ; Histoire de la littérature du dix-huitième siècle*, bourrée de faits, de dates, véritable memento du Cantab [1] à la recherche d'un fellowship. Toutes ces études préparaient la *Short History of modern English Literature*, qui donne le tableau de l'évolution de la littérature anglaise à partir de Chaucer et surtout de la Renaissance jusqu'à Tennyson. On y trouve la plupart des idées de M. Gosse.

D'abord la doctrine de l'évolution dans la

1. Cantab signifie étudiant de Cambridge.

critique. « L'histoire est un vaste organisme vivant, dirigé dans ses manifestations par une loi de développement peut-être obscure, indéchiffrable, mais certaine[1]. » Ainsi un monument poétique comme celui de Tennyson nous intéresse sans doute par sa marque originale, l'empreinte du génie d'un homme. Mais notre vue est courte si elle ne porte pas plus loin. Né en 1550, l'âge d'Elisabeth, ou en 1720, l'âge de la reine Anne, Tennyson aurait possédé la même personnalité, mais ses vers auraient très vaguement ressemblé à ceux que sa main a tracés de nos jours. « Ce que nous appelons *originalité* chez un grand poète consiste surtout en une combinaison d'éléments hérités des prédécesseurs, et son *génie* a précisément pour objet de choisir dans ces legs ancestraux et de les présenter dans

1. Cette théorie a été exposée en France par M. Charles Benoist. Elle ne semble pas avoir beaucoup de partisans.

une harmonie nouvelle. » Ainsi, Tennyson est lui-même, son œuvre porte la marque de son individualité ; mais la couleur de sa poésie aurait été différente si Keats n'avait pas vécu avant lui ; sa délicatesse d'observation a été apprise chez Wordsworth ; et l'expression nerveuse, « compacte » de Pope, et la prosodie mélodieuse de Milton ont passé par atavisme chez leur descendant intellectuel.

Cette doctrine de l'évolution entraînait nécessairement M. Gosse dans le subjectivisme. Parmi les critiques français, toutes ses sympathies vont vers M. Anatole France et M. Jules Lemaître ; le dogmatisme de M. Brunetière l'effraie. S'agit-il de juger Shakespeare, tout en professant son admiration personnelle, il ne se sent pas parfaitement rassuré sur la future gloire du poète : « Au dix-septième siècle, dit-il, Shakespeare était regardé comme un écrivain perdu dans la multitude, un peu plus soigné et parfois plus heureux que ses compagnons. Avec le dix-huitième, il devient une sorte de barbare gothique chez qui, de temps en temps, certains accents farouches et sauvages « revendiquent les droits souverains de la nature. » Il était réservé au dix-neuvième de découvrir en lui le plus luxuriant des poètes du monde. Mais que pensera le vingtième siècle ? »

Logiquement, la subjectivité devait amener M. Gosse au respect de l'individu. « Il y a, remarque-t-il, des critiques de beaucoup de finesse et de force qui semblent ne connaître d'autre méthode de soigner un talent que celle employée pour la culture des groseilles à maquereau. Ils coupent et pincent tous les boutons pour que la sève de l'arbre de gloire ne nourrisse que leur fruit favori... Pourtant le moment est venu de ne plus admettre que deux critériums dans nos jugements littéraires. Le premier est primitif et déblaie le terrain. L'auteur a-t-il accompli ce qu'il s'était proposé de faire avec une réelle distinction ?

Si non, il n'intéresse plus la critique littéraire; si oui, voici la seconde question : Dans la vaste et ondoyante évolution des littératures, où trouve-t-il sa place et quels rapprochements y a-t-il entre lui et les autres écrivains de sa parenté? »

Si l'on tentait d'appliquer à M. Gosse sa méthode on le rangerait sûrement parmi les essayistes. Certainement, il ressemble à Addison dont le père était d'église et qui avait passé toute sa jeunesse dans les Universités. Je parierais que si Boileau vivait encore M. Gosse aussi lui soumettrait des vers latins. Le nouvel essayiste a publié un livre intitulé *Critical Kit-Kats*, et l'on sait que le Kit cat Club vers 1710 tenait ses assises chez le pâtissier Christopher Katt, non loin du café de Wills ou du Grecian. Quelle brillante société s'y rencontrait : Marlborough, Somerset, Halifax, Addison, Steele, Congreve, Pulteney! Et dans les pages de l'auteur moderne nous fréquentons Walt Whitman, Edward Fitz-Gerald, Walter Pater, Robert-Louis Stevenson. Ces portraits résument, comme au temps de Bolingbroke, tout un volume en quelques pages, ne donnant que la quintessence dans un style vif, piquant, qui dissimule l'aridité ordinaire des abrégés.

« Questions at Issue », *Questions sur le tapis*, un autre volume d'essais, traite d'ordinaire de sujets plus généraux, plus philosophiques : *l'Influence de la Démocratie, la Tyrannie du roman* ou encore *Qu'est-ce qu'un grand poète ?* A quoi M. Gosse répond qu'un grand poète doit être plus original, plus vigoureux, plus parfait de forme et plus personnel que ses rivaux. On pourrait objecter que ces deux qualités : l'originalité et la personnalité, se confondent un peu. Notre critique ajoute que, pour décerner à un poète le titre de grand, il faut le voir avec le recul de l'histoire ; aussi exclut-il Tennyson et Browning de sa liste de douze élus qu'il est intéressant de connaître à cause de la valeur de leur juge ; ce sont : Chaucer,

Spenser, Shakespeare, Milton, Dryden, Pope, Gray, Burns, Wordsworth, Coleridge, Byron, Shelley, Keats. Comme on le voit, il y a treize noms : il est assez difficile de compter les étoiles ! Le titre d'un autre essai pose cette question : *L'Amérique a-t-elle produit un grand poète ?* Avant de répondre par la négative, M. Gosse étudie Lanier, le poète de Baltimore, objet dans sa cité d'un véritable culte. Mais que trouve-t-on dans ses écrits pour justifier cette « lanierolâtrie » ? « Un effort pénible, de la contorsion et de la rage... Lanier n'est jamais simple, jamais coulant, jamais naturel dans un seul poème, ni spontané dans plus d'une strophe à la fois. Toujours il force la note, toujours il cache sa stérilité et son manque de puissance par une image d'une violence grotesque et un absurde tapage de mots. » Que dire, ensuite, de Longfellow ? « Personne ne prétend aujourd'hui qu'il fut un poète grand et original... Il fut toujours dominé par les influences suédoises, et sa véritable place se trouve dans la littérature scandinave, entre Tegner et Runeberg. » A côté de Longfellow, Bryant paraît d'un lyrisme plus élevé. Mais sa versification est maniérée, et, tout en lui reconnaissant du souffle, on admettra sans doute qu'il tire son inspiration de deux sources anglaises : le Wordsworth, de *Tintere abbey*, et le Coleridge, de *Mont Blanc*. Quant à Emerson, il semble surtout un prosateur : il n'écrivit jamais facilement en vers. Et, d'ailleurs, il est trop inégal ; « il part avec une brusque inspiration, puis le vent tombe et ses voiles sont collées le long du mât avant qu'il soit sorti du port ; une nouvelle brise le pousse un peu plus loin, mais suit une autre page, où l'on ne progresse qu'avec les rames de la logique. » Enfin, Poe serait peut-être un grand poète, s'il n'avait pas toujours accordé sa harpe sur le même air : ses regrets passionnés pour les morts à jamais perdus. Mais dans certaines pièces comme *le Palais hanté*, *la Cité dans la mer* et *Pour Annie*, on trouve un rythme nouveau, séduisant, qui force à l'imitation et, de fait, depuis Tennyson jusqu'à Austin Dobson, tous les poètes anglais ont subi plus ou moins l'influence de Poe. Donc concluons qu'il n'y a pas de véritable grand poète de l'autre côté de l'Atlantique.

Dans un autre essai, M. Gosse nous fait assister à une élection dans une idéale Académie anglaise; les pseudo-immortels sont présentés avec une sûreté de main, une exactitude, une ironie vraiment impayables. Trois candidats briguent le quarantième fauteuil : l'archevêque de Canterbury, l'historien Gardiner et Thomas Hardy. Voici l'opinion de M. Meredith : « Pour le prélat, je vous rétorque une négative absolue. Les hôtes ordinaires de notre fête académique, hum ! poètes, historiens, essayistes, dirai-je encore romanciers ou journalistes, tous sont les bienvenus en raison de leur mérite royalement reconnu et honoré. Mais ce sinistre augure dodelinant familièrement chez nous avec son couvre-chef de fer-blanc tout peinturluré, marchandise dorée, nettement hostile à la littérature, — ah ! jamais de la vie ! » Le discours continue dans cette forme radicale et affectée que reconnaîtront tous ceux qui ont approché M. Meredith. Bien entendu, l'élection se termine par le triomphe de l'archevêque de Cantorbury mettant au premier rang l'Eglise et les convenances et laissant bon dernier le grand talent, un peu audacieux, de M. Thomas Hardy.

La satire est juste, fine, légèrement voilée comme les regards de M. Gosse derrière ses lunettes d'or. Homme d'étude, homme de demi-teinte, physionomie charmante et discrète qu'il fallait entrevoir dans la petite brume jaune et les sons de cloches d'un dimanche britannique.

Bibliographie. — Poèmes : Madrigals, Songs and Sonnets (avec un collaborateur), 1870 ; On Viol and Flute, 1873 ; King Erik, tragédie, 1876 ; The Unknown Lover, drame, 1878 ; New Poems, 1879 ; Firdausi in Exile, 1886 ; Collected Poems, 1896.

Prose : Northern Studies, 1879 ; Life of Gray, 1882 ; Seventeeth Century Studies, 1883 ; Life of Congreve, 1888 ; History of Eighteenth Century Literature, 1889 ; Life of P. H. Gosse, 1890 ; Gossip in a Library, 1891 ; The Secret of Narcisse, 1892 ; Questions at Issue, 1893 ; The Jacobean Poets, 1894 ; Critical Kit-Kats, 1896 ; History of modern English Literature, 1897 ; Life and Letters of Dr John Donne, Dean of S. Paul's, 1899.

THOMAS HARDY

THOMAS HARDY

Le Wessex est un petit royaume qui se trouve au sud de l'Angleterre, entre le canal de Bristol et la Manche. Il est doux et pluvieux en hiver, d'une chaleur tempérée par les embruns de mer en été, boisé, raviné et sauvage, et, sur toute son étendue, semé des reliques du passé ; tombes de géants, tumulus, voies romaines ; sa capitale se nomme Casterbridge et son roi M. Thomas Hardy. Pour ceux qui sont familiers avec la géographie d'Angleterre, je dirai que Casterbridge, ailleurs que dans les romans, se nomme Dorchester et que le royaume de Wessex comprend tout le comté de Dorset, avec des parties importantes du Somerset, du Wiltshire, du Berks, du Devon et du Hampshire. Il est borné en grande partie, à l'Ouest, par la forêt de Dartmoor, et, à l'Est, par la Nouvelle Forêt, cet ancien domaine de la couronne d'Angleterre, tout planté de vieux chênes sur une étendue de 140 milles carrés, à la porte de Southampton.

Le 2 juin 1840, M. Thomas Hardy naquit dans ce pays dont sa plume devait immortaliser tant de bourgades ignorées. Le jeune homme se destina d'abord à l'architecture, vint à Londres et, pendant de longues années, dressa des plans, étbalit des coupes et des élévations. Il n'écrivit presque rien avant 1871 et seulement en 1874 le grand succès de *Far from the Madding Crowd* (*Loin de la foule enragée*) le mit hors de pair. Aujourd'hui, M. Hardy a publié vingt volumes qui se dédoubleraient bien en quarante de nos éditions Lemerre ou Charpentier. Dans cette œuvre considérable, voici ses enfants préférés : *Petites ironies de la vie*, un volume de Nouvelles qui sont presque toutes des chefs-d'œuvre, publié en 1894 : *The Woodlanders* (1887) ; *Tess of the d'Ubervilles* (1891) ; *Jude l'Obscur* (1895), qui a scandalisé si fort Mrs Grundy et Saint Stiggins ; *Far from the Madding Crowd* et les *Wessex Poems* (1898-1899).

Lorsque je le vis, M. Hardy tenait une lettre à la main : « Courrier d'Amérique », me dit-il. « Beaucoup de journalistes des Etats-Unis, qui n'ont jamais lu une ligne de moi, mais connaissent mon nom, me supposent Yankee. Ils m'écrivent chez mon éditeur à New-York pour demander des interviews, et, tenez, voici des timbres pour la réponse ! » Il parle avec une bonhomie amusée, un grand calme que coupe de temps en temps un geste nerveux ; la physionomie a quelque chose de félin : tête ronde, moustaches de chat, œil perçant, presque dur. On a bien l'impression d'un homme ferme, qui a suivi droit son chemin littéraire sans se préoccuper des conseils ou des effarouchements d'une certaine critique puritaine. « Vous pourrez réfuter », disait M. Hardy, « l'opinion suivant laquelle j'aurais changé ma manière et trop imité dans mes derniers ouvrages le réalisme de M. Zola. D'abord je ne connais presque pas d'ouvrage de l'école réaliste française ; puis voici un argument : en 1871, j'ai publié mon premier roman *Desperate Remedies* et l'on retrouverait aisément le numéro du *Spectator* où l'auteur fut critiqué pour sa grossièreté et son inconvenance. » M. Hardy prononce les mots : *coarseness and impropriety* avec la plus parfaite indifférence.

Certes, l'auteur des *Contes du Wessex* n'a pas eu l'intention d'écrire des berquinades, de mettre sous nos yeux des pastorales à la manière de *Daphnis et Chloé*, de nous montrer Damon jouant du chalumeau à Phyllis au milieu des troupeaux ; littérature charmante, mais factice, qui fut en France et en Angleterre la seule et pâle manifestation du sentiment de la nature au dix-huitième siècle. Vous n'y rencontrerez pas davantage le brio de la narration ou la parade d'humour comme dans *Shirley* de Charlotte Brontë, *Silas Marner* de George Eliot. En revanche, le réalisme poétique, c'est-à-dire le choix du détail, s'y trouve avec la même perfection que dans Maupassant. Thomas Hardy a dépeint les vrais paysans du sol « *racy of the soil* », fermiers, métayers, bûcherons, voituriers; il les fait parler le langage de la vallée de Blackmoor; il nous a dit ce qui se trouvait derrière le silence des malins, la taciturnité des stupides et comment les coups de la fortune et les détails du travail ont formé les caractères. Les joliesses sont toujours observées. Ecoutez Winterborne et Marty South qui plantent des sapins dans la lande de Little Hintock: « Comme ils gémissent dès que nous les avons mis debout », dit Marty, « quand ils sont couchés par terre, ils ne disent rien ». Elle dressa un des jeunes sapins dans son trou et le doigt levé fit signe d'écouter. Aussitôt un murmure argentin sortit des rameaux pour ne cesser ni jour ni nuit jusqu'à l'heure où l'arbre grandi serait jeté à terre, longtemps sans doute après que les deux planteurs seraient couchés dans la tombe. » Et tous les paysages décrits ont des contours familiers où la vie quotidienne des personnages se poétise : « A ces heures non humaines Test et Clare pouvaient s'approcher tout près des oiseaux aquatiques. Les hérons avec un bruit d'ailes audacieuses, claquant comme des portes et des volets qui s'ouvrent, sortaient des branches d'un petit bois sur le flanc de la prairie ; ceux qui étaient déjà plantés dans l'eau osaient rester immobiles, tandis que le jeune couple passait devant eux ; d'un mouvement uniforme et tranquille ils tournaient horizontalement leurs têtes comme des poupées mues par un ressort. Les légers brouillards d'été flottaient çà et là sur les prairies en écharpes laineuses, unies, qui ne semblaient pas plus épaisses que des courtepointes. Sur l'herbe humide et grise paraissaient les places où les vaches s'étaient couchées pendant la nuit, petits îlots d'herbage sec et vert sombre dans la mer de rosée. De chaque îlot partait un sentier sinueux, dessiné par la vache en s'éloignant pour paître; ils la trouvaient au bout de cette trace; et quand elle les reconnaissait, elle lançait de ses naseaux un souffle bruyant, qui formait une vapeur plus dense au milieu du brouillard. »

Imbu de cette sincérité dans l'art, M. Hardy n'a pas cherché des dénouements heureux. Il donne la conclusion naturelle de ses histoires suivant sa propre expérience de la vie. Le maire de Casterbridge meurt dans la solitude et la pauvreté; le repentir de Millborne cause sa perte; Marty South terminera sa vie auprès d'une tombe; Tess, née pour devenir une bonne ménagère, meurt entre les mains du bourreau. Ces catastrophes peuvent effaroucher le public anglais qui, pendant plus d'un siècle, a obligé tous ses auteurs dramatiques à lui présenter un bonheur parfait au cinquième acte, et n'a pas encore pardonné le suicide de Paula Tanqueray. Et c'est ce qu'il a appelé à tort le pessimisme des *Wessex Novels*.

La même franchise littéraire a montré dans ces romans la passion toute crue avec ses droits vis-à-vis du code moral. Sans doute, nous avions déjà vu des passions violentes dans Scott ou Thackeray, mais conçues d'une manière plus conventionnelle et courbant la tête devant les lois sociales. Or, il y a entre Kenilworth et Tess d'Urberville ou Jude l'obscure, la même différence qu'entre Philiberte et Madame Caverlet. Sans doute, M. Hardy n'a pas voulu bâtir des théories sociales comme George Sand ou les écrivains scandinaves ; mais par la force des choses, il a remué les questions toujours jeunes des droits de l'individu et de la société, des droits de la passion et de la morale. Celle-ci est d'ailleurs vengée non avec le pédantisme d'un moralisme anglican, mais par la simple logique des faits ; car la passion éternellement tragique, jamais assouvie, se blessant à tous les angles des circonstances de la vie, devient son propre châtiment. Fitzpiers, Grace Melbury, Mrs Charmond, Boldwood, tous payent plus ou moins complètement la terrible dette.

Parmi ses personnages ceux qui abordent la vie et supportent leur destin avec le plus de sérénité et de grandeur d'âme, les Winterborne, les Marty South, les Henchard, ont été choisis chez des natures puissantes et rustiques, disciplinées par les nécessités de la vie, nullement par une éducation vertueuse. Autour de ces sublimes figures se meuvent plus nombreux les héros d'argile comme le docteur Fitzpiers, Clare le philosophe et de curieuses figures de femmes Elfride, Grace, Eustacia. Victimes de l'ironie de la vie, ces personnages montrent plus complètement leur stabilité de caractère, une des marques de la composition de M. Hardy. Giles Winterborne est un paysan, petit propriétaire, d'un naturel honnête et doué de ces habitudes du respect devenues rares même à la campagne. Il aime Grace Melbury, la fille du plus gros marchand de bois du pays ; les deux jeunes gens sont fiancés dès l'enfance. Malheureusement, Grace, comme la Blanchette de M. Brieux, a reçu à la ville une éducation soignée et elle s'éprend du médecin du village, Fitzpiers. Winterborne, qui, entre temps, perd sa fortune, supporte sa disgrâce avec la plus noble douleur. Bientôt Grace devine le caractère volage de son mari, dont il donne la preuve au bout de quelques mois en abandonnant son foyer pour suivre Mrs Felice Charmond, une grande dame, veuve du seigneur du pays. Devant ce désastre, Melbury et Grace ne songent plus qu'à obtenir un divorce qui permettrait un second mariage avec le pauvre Winterborne. Celui-ci accueille avec enthousiasme cette nouvelle espérance ; Grace aussi, qui découvre et apprécie le caractère de son ami d'enfance, se prend à l'aimer enfin. Mais leurs projets sont cruellement détruits ;

le simple abandon du foyer pendant quelques semaines n'est pas une cause suffisante pour le divorce, et si Fitzpiers revient, il restera toujours le mari de Grace. Il revient en effet ; Mrs Charmond a été tuée par un de ses amants, et le docteur redemande sa place à son foyer. Plutôt que de le revoir, Grace s'enfuit dans la forêt avec le dessein de se réfugier chez une de ses amies à la ville voisine. Diverses circonstances lui font rencontrer Winterborne, à qui elle demande son chemin : mais la nuit et un orage l'obligent à suspendre sa route. Winterborne l'emmène dans une sorte de hutte, qu'après sa ruine il avait fait construire dans la forêt ; Grace couchera seule dans l'habitation, et lui cherchera un abri dans un misérable hangar à quelque distance. Mais les malheurs et les fatigues avaient profondément altéré la santé du jeune homme, le hangar est ouvert à tous les vents, la pluie tombe sur son lit ; il est atteint d'une pneumonie mortelle. Rien de plus touchant et sublime que les précautions de Winterborne pour éviter d'abord la tentation des sens, et, plus tard, pour cacher à Grace la fièvre qui le dévore. Il meurt, et, avant que sur sa tombe les premières roses se soient fanées, Grace a promis de pardonner à son mari ! Dans *Tess, Far from the Madding Crowd,* cette admirable nouvelle *the Fiddler of the Reels,* partout se trouve mélangée et comme tressée avec les caractères et le fil du récit, cette sournoise ironie de la vie qui donne aux romans de M. Hardy beaucoup de leur parfum âpre et rude.

Il me vient un scrupule. A-t-on vu par cette esquisse quel rang éminent, le premier peut-être, appartient à M. Hardy dans la littérature anglaise ? Ne faut-il pas, hélas ! se servir des mêmes mots pour apprécier l'auteur des *Wessex Novels* et tel autre écrivain qui lui reste dix fois inférieur ? Mais, après avoir dit que l'œuvre est belle, du moins on peut ajouter qu'il y a des degrés dans la beauté, et que chez un Pinero ou un Thomas Hardy elle atteint souvent à l'absolu.

Bibliographie. — A short Story, 1865; Desperate Remedies, 1871; Under the Greenwood Tree, 1872; A Pair of Blue Eyes, 1873; Far from the madding Crowd, 1874; the Hand of Ethelberta, a Comedy in Chapters, 1876; Return of the Native, 1878; The Trumpet Major, 1879; A Laodicean 1881; Two on a Tower, 1882; The Mayor of Casterbridge, 1885; The Woodlanders, 1887; Wessex Tales (réunis en volume), 1888; A Group of Noble Dames, 1891; Tess of the d'Urbervilles, 1891; Life's Little Ironies (réuni en volume), 1894. Jude the Obscure, 1895; The Well-Beloved, 1892; réimprimé en 1897; Wessex Poems, 1898. — M. Th. Hardy a fait jouer au Globe Theatre, en 1882, une pièce tirée de Far from the madding Crowd; en 1893, il a fait représenter avec succès the Three Wayfarers tirés de l'un de ses contes de Wessex.

ANDREW LANG

ANDREW LANG

Le corps long et flexible de M. Andrew Lang est allongé sur un sofa dans une attitude de fatigue et d'ennui. La hauteur de sa tête fine doit bien se trouver sept fois dans le corps, comme chez les statues grecques; cette tête est une des mieux proportionnées et des mieux faites du Royaume-Uni. Les cheveux forment une grosse touffe blanche sur le front, au-dessous de laquelle les yeux paraissent plus noirs et plus vifs; une moustache grise et épaisse est coupée en petit balai au ras de la lèvre inférieure. M. Lang parle doucement, avec des à-coups dans la voix qui se précipite soudain, s'élève et se brise dans une sorte de couac.

Ce nonchalant distingué guette seulement notre départ pour se jeter sur ses cahiers et écrire fébrilement à la vitesse moyenne de quinze cents mots à l'heure. Si je copiais au British Museum la liste officielle mais incomplète de ses ouvrages, je remplirais avec les titres une colonne de ce journal. Sachez que quelques-uns de ces livres contiennent 500 pages et d'autres près, de 1,000. Chez nous Balzac, Alexandre Dumas, Henry Fouquier, Bergerat ont bien écrit leur centaine de volumes ; mais ils ont donné des œuvres d'imagination, tandis que M. Lang fait surtout de la philosophie et de l'histoire. Où trouve-t-il le temps de réunir ses matériaux, d'établir ses notes? On cite, en Angleterre, ce mot d'un enfant : « *Mamma another book and it isn't Audrew Lang's!* Maman, voilà un

livre nouveau et il n'est pas d'André Lang! »
Il faut vous dire que notre auteur a recueilli dans une dizaine de volumes les trésors du folk-lore; il y a le livre des légendes bleues, celui des légendes rouges, puis des vertes, des jaunes : toutes les couleurs du spectre solaire. Les enfants de John Bull ont dévoré ces amusants récits et je dois reconnaître, à la décharge de l'auteur, qu'il a été aidé pour plusieurs de ces publications par des membres de sa famille.

Je ne sache pas que M. Lang ait jamais confié à un critique anglais les noms de ses ouvrages préférés; je suis donc fier de vous révéler ce secret. Ce sont d'abord les *Ballads and Lyrics of old France*, de fort jolis vers de jeunesse; *Les Coutumes et les Mythes* qu'il juge l'un de ses meilleurs ouvrages; *Lettres à des écrivains défunts*, le plus lu de ses livres; *Myth, Ritual and Religion*, le plus volumineux descendant de cette plume féconde, il a été traduit en français et publié chez Alcan;

Homer and the Epic : « Je l'écrivis » dit M. Lang de son ton négligent « dans le but de démontrer que Homère a existé et écrivit réellement son épopée. L'ouvrage est très ennuyeux. Quelques mois après sa publication un livre parut en France sur le même sujet ; je n'ai pas réussi à le lire jusqu'au bout. » *Cock Lane and Common Sense*, qui traite des rêves, des fantômes, est encore un des travaux d'approche de ce grand ouvrage *The Making of Religion, Création des Religions*, l'œuvre maîtresse de notre auteur. *Pickle the Spy* nous découvre l'histoire secrète du prince Charles Edouard Stuart. Et les travaux de l'historien continueront par la publication d'une histoire complète de l'Ecosse depuis ses Origines. « Il y a de quoi tuer un cheval ! » ajoute M. Lang en poussant un soupir.

Né en Écosse, à Selkirk, M. André Lang entendit parler dès son enfance des fées, des nains et des fantômes; plus tard au collège et à Saint Andrews University, un de ses camarades racontait les inépuisables histoires du folk-lore écossais. Une jeune imagination conserve toujours cette empreinte, et après les études à Balliol College d'Oxford, après le fellowship de Merton, M. Lang, devenu scoliaste et savant, s'adonna à la mythologie et se trouva parmi ceux qui contribuèrent le plus à renouveler cette étude. Il y a quelque vingt ans, l'école dite philologique régnait seule dans la mythologie. Un Allemand nommé Kuhn avait essayé de fonder une mythologie indo-européenne, comme Bopp, avant lui, avait établi la grammaire des langues indo-européennes. Ses plus illustres disciples s'appelèrent M. Max Muller en Angleterre et M. Michel Bréal en France. Ils expliquaient ainsi la création des mythes. Vers l'origine du monde « les poètes savaient la signification des fables qu'ils répétaient, mais il n'en fut pas de même à l'époque suivante. A mesure que certains termes vieillissaient, que le sens étymologique des mots s'oblitérait, la langue perdait de sa transparence; les noms des forces de la nature devenaient des noms propres; et dès lors les personnages mythiques commencèrent à paraître. [1] » Mais les études anthropologiques permettaient bientôt de combattre et de renverser le système de la mythologie philologique. « Dans toute l'Allemagne, en Russie, en Italie, en Angleterre, en France et en Espagne on recueillait les contes populaires, on relevait les légendes, les proverbes, les traditions, les coutumes, les chansons et jusqu'aux jeux de l'enfance. Cette étude recevait le nom de folk-lore parce que tout ce qui constitue la croyance ou la science du peuple fait son objet [2]. » La

1. M. Michel Bréal.
2. M. Charles Michel.

même moisson commençait aussi en Asie, en Afrique, en Amérique et en Océanie.

On s'aperçut alors que les diverses phases parcourues par l'humanité dans son développement intellectuel possèdent encore de nos jours, chez certains peuples de la terre, des représentants vivants. M. E. B. Tylor appliqua le premier ces découvertes à la mythologie et montra comment, dans la plupart des cas, les croyances et les mythes célèbres chez les peuples civilisés ont leurs pendants chez les peuples sauvages « où ils s'expliquent tout naturellement, comme des produits de l'imagination primitive. » C'est à cette école que M. Lang est venu apporter le renfort de son grand talent avec ses livres *Custom and Myth*; *Myth, Ritual and Religion*; *Cock Lane and Common Sense*; *The Making of Religion*. Suivant l'ancien fellow de Merton, devenu titulaire d'une chaire de Religion Naturelle à Saint Andrews, il faut chercher « la source des mythes dans la psychologie, dans la condition intellectuelle des hommes primitifs. » « Un mythe est l'explication primitive d'un phénomène naturel; c'est la fausse science d'une époque où la vraie science était impossible. » Une bonne partie de ces savants travaux peut intéresser les profanes, par exemple la réfutation brillante des théories de M. Max Muller, ainsi que certains détails sur les éléments grossiers et primitifs des mythologies dont M. Lang a, pour ainsi dire, dressé le catalogue. Je ne puis résister au plaisir de vous signaler la critique de cette anecdote que l'on continue sans doute à raconter dans nos classes de philosophie. Une domestique allemande, prise d'une fièvre cérébrale, s'est mise à parler plusieurs langages savants tels que l'hébreu et le sanscrit. Quand elle fut revenue à la santé, on sut que longtemps auparavant elle avait servi chez un professeur d'Université. M. Lang a voulu remonter à la source de ce récit et il a trouvé Coleridge dont il cite ces expressions : « Ce phénomène s'accomplit dans une ville catholique d'Allemagne, un an ou deux avant mon arrivée à Goettingen. Plusieurs physiologistes et psychologues éminents ont visité cette ville. » Voilà tout. Comment s'appelait cette servante? où vivait-elle? qui l'a entendue? qui l'a comprise? Nous n'en savons rien. Et cette anecdote a été racontée par Coleridge au moins vingt années après la date possible de l'événement. Pourtant chaque bachelier français est instruit de ce racontage qui semble une explication protestante d'un prodige catholique.

Entre ces études mythologiques qui faisaient le fond de sa vie, M. Lang se révélait comme poète, humaniste, historien, critique. Les *Ballads and Lyrics of old France*, les *Ballads in Blue China*, le charmant poème plein d'humour *Helen of Troy* resteront des molèles de versification habile. J'ai feuilleté aussi des traductions d'Homère, de Théocrite, de Bion le poète bucolique grec et de l'idyllique Moschus son contemporain. Parmi les travaux historiques j'ai lu seulement *Pickle the Spy* qui retrace l'histoire secrète du prince Charles Edouard Stuart. On sait que Jacques II qui mourut à Saint-Germain en 1688 avait eu de sa première femme Anne, fille du comte de Clarendon, deux filles Marie et Anne. Toutes les deux montèrent sur le trône; la première était devenue l'épouse de Guillaume d'Orange, l'autre, Anne, lui succéda et eut la gloire de donner son nom à cette époque que la littérature anglaise appelle l'âge de la Reine Anne; elle représente la période classique avec les Essayistes, Swift, Pope. Mais Jacques II s'était remarié avec Marie, fille du duc de Modène, qui donna le jour à plusieurs enfants parmi lesquels Jacques III, connu sous le nom de Prétendant. Ce n'est pas de ce prince dont M. Lang retrace l'histoire; mais de son fils Charles Edouard Stuart qu'on appelle quelquefois le Jeune Prétendant. Nulle histoire ne paraît aux Français plus touchante, plus poétique que celle des Stuarts enseignée par

Walter Scott et Chateaubriand. Le prince Charles Edouard « qui avait hérité des yeux noirs de Marie Stuart » « paraissait triste et pieux » dit Montesquieu. Le 25 juillet 1745 il débarqua à Moidart avec sept hommes seulement, marcha sur Edimbourg et s'installa triomphalement au palais de Holyrood : ce retour d'exil ne fait-il pas songer à celui de l'île d'Elbe ? Cependant les troupes de George II se concentraient ; les Jacobites marchèrent contre elles et les défirent à Preston Pans et à Falkirk, mais le désastre de Culloden (1746) ruina sans retour la fortune des Stuarts. Alors commença pour le légitime roi d'Angleterre une vie d'intrigues et d'aventures sur les grandes routes de France, d'Italie et d'Allemagne. M. Lang en a soulevé le voile en découvrant au British Museum dans la collection des Pelham Papers la correspondance d'un espion du roi George : Pickle, nom de guerre d'un Glengarry, illustre famille d'Ecosse. Malheureusement cette attrayante page d'histoire ne nous est pas donnée dans une forme vraiment littéraire ; elle est hérissée de dates, bourrée de références, émaillée d'innombrables citations. Ouvrant le livre au hasard je trouve en haut de la page 134 trois dates accumulées : quelques lignes plus bas Albermale mentionne des intrigues en Irlande le 5 janvier 1752 ; puis Waters refuse de l'argent à Charles Edouard en février 1752. Un pareil travail devient vite indigeste ; évidemment M. Lang dédaigne la présentation vivante et dramatique des faits, chère à Messieurs Filon et Funck-Brentano. Du moins il fait œuvre d'historien consciencieux et perspicace, ce qui est rare dans cette Angleterre volontiers oublieuse des faits gênants de son histoire qu'elle semble traiter comme une réclame nationale : on ne trouverait pas de l'autre côté du détroit un étudiant sur dix qui ait entendu parler de la bataille de Fontenoy [1].

---

1. Voir à la fin du volume la note : *Comment on écrit l'Histoire en Angleterre.*

Quelques-unes des critiques les plus populaires de M. Lang se trouvent dans les *Lettres à des écrivains défunts*. Elles sont admirablement justes et habiles, surtout lorsque l'auteur se trouve en sympathie avec son sujet, comme dans l'article sur Alexandre Dumas père. Par concession sans doute au goût de lecteurs plus profanes M. Lang a écrit ces études dans une langue vive et séduisante.

Mais visiblement il dédaigne ces « exercices » ; ses secrètes préférences vont à des études plus subtiles où il applique les ressources de sa lumineuse intelligence. M. Lang demeurera le plus brillant représentant du fellow d'Oxford, du scholar britannique.

Bibliographie. — Ballads and Lyrics of old France, 1872; Oxford : Brief Historical and Descriptive notes, 1879; Ballads in Blue China, 1880; Helen of Troy, 1882; Custom and Myth, 1884; Ballads and Verses Vain, 1884; Rhymes à la Mode, 1884; Princess Nobody, 1884; Books and Bookmen, 1886; In the Wrong Paradise, 1886; Letters to Dead Authors, 1886;

Mark of Cain, 1886; Politics of Aristotle, 1886; Myth, Ritual and Religion, 1887; Grass of Parnassus, 1888; Ballads of Books 1888; Goldof Fairnilee, 1888; Blue Fairy Tale Book, 1889; Letters on Literature, 1889; Lost Leaders, 1889; Prince Prigio, 1889; Red Fairy Tale Book, 1890; Life, Letters, and Diaries of Sir Stafford Northcote, 1890; How to Fail in Literature, 1890; Old Friends, 1890; Blue Poetry Book, 1891; Famous Golf Links; Angling Sketches, 1891; Essays in Little, 1891; Green Fairy Book 1892; The Library, 1892; Prince Ricardo of Pantouflia, 1893; True Story Book, 1893; Homer and the Epic, 1893; St. Andrews, 1893; Yellow Fairy Book, 1894; Ban et Arrière-Ban, 1894; Cock Lane and Common Sense, 1894; My Own Fairy Book, 1895; Life of John Gibson Lockhart, 1896; Pickle the Spy, 1899; The Book of Dreams and Ghosts, 1897; The Pink Fairy Book, 1897; The World's Desire (en collaboration avec Mr Rider Haggard) The Making of Religion, 1898; The Companions of Pickle, 1898; The Homeric Hymns, 1899; The Red Book of Animals, 1899; A History of Scotland from the Roman Occupation, vol I; Prince Charles Edouard, 1900. Translation of Odyssey (en collaboration avec Professor Butcher); of Iliad (en collaboration avec M. Myers et M. Walter Leaf); of Theocritus « Aucassin and Nicolette, of Perrault, « Popular Tales ».

J. M. BARRIE

J.-M. BARRIE

Si vous allez quelquefois rue de Richelieu, dans le temple français du livre, ne demandez pas d'ouvrage de M. Barrie. L'auteur de My Lady Nicotine, du Little Minister et de Sentimental Tommy y est inconnu ; sa renommée, presque aussi grande en Angleterre que celle de M. Kipling, s'est arrêtée aux marches de granit de la Bibliothèque Nationale.

Il faut donc vous raconter l'histoire de cet illustre inconnu. J. M. Barrie naquit le 9 mai 1860 à Kirriemuir, petite ville de laboureurs et de tisserands dans le Comté de Forfar en

Ecosse, non loin de Perth et de Dundee. Dans la littérature Kirriemuir s'appelle Thrums et vous ne sauriez croire combien de personnages immortels sont originaires de cette petite ville : Gavin Dishart, Tommy Sandys, Grizel, sans parler de M. Barrie lui-même. L'Université d'Edimbourg veilla d'abord sur le futur romancier et lui conféra même le diplôme de Master of Arts; puis le journalisme, dans un Nottingham paper et la Saint James's Gazette, absorbèrent son activité. Des journaux M. Barrie passa aux revues, British Weekly, Speaker, Good Words, et enfin aux livres.

M. Barrie a la physionomie fatiguée, pénétrante et fine d'un artiste ; il est petit et nerveux et ne représente pas au physique, comme M. James Bryce, l'Ecossais sérieux et un peu rude, maigre et roux, trapu, râblé, musclé. Mais au moral il est aussi renfermé, aussi timide, aussi ennemi de la réclame personnelle. Dans *Margaret Ogilvy* il écrivit à ce sujet : « Vous connaissez seulement la coquille d'un

Ecossais avant d'avoir pénétré dans son home. A son bureau, au club, dans les réunions mondaines, partout où vous et lui paraissez vous entendre à merveille, il demeure en réalité comme une maison aux persiennes fermées, à la porte verrouillée. » Un jour l'éditeur d'un de ces Tout-Londres bleus, rouges ou verts, qui florissent dans ce pays de la réclame, le pria d'écrire sur lui-même une notice biographique; il reçut les lignes suivantes : « En arrivant à Londres le premier soin de M. Barrie fut de faire une collection de cigares superfins. L'auteur de My Lady Nicotine n'est pas lui-même un fumeur, mais le garçon de son épicier fume volontiers. L'animal favori de M. Barrie est la baleine; il la nourrit avec des marrons très murs. » Nous voilà donc prévenus : nous ne connaîtrons jamais M. Barrie intime. Pourtant avec un homme de lettres il ne faut pas désespérer; il se trahit nécessairement dans ses livres : les aventures de Thomas Sandys nous ouvriront des horizons sur sa vie intérieure et s'il n'aime pas qu'un autre écrive sur sa personnalité, il se confessera peut-être lui-même. En effet nous lisons cet aveu : « Ma misérable faiblesse de caractère, lorsque je dis qu'un personnage rit vaguement, me force à rire vaguement ; si mon héros fronce les sourcils ou cligne de l'œil, je fronce les sourcils et je cligne de l'œil ; s'il est lâche ou sujet à des contorsions, je me sens une âme de chien couchant ou j'enroule mes jambes de telle façon que je suis obligé de cesser d'écrire pour me dégager. Je salue en même temps que mon personnage, je mange comme lui, je ronge ma moustache comme lui. Si mon personnage est une dame au rire exquis, je vous épouvante soudain en riant d'une façon exquise. On nous parle de l'extraordinaire versatilité d'un acteur qui pouvait être gras et maigre dans la même soirée, alors que faut-il penser du romancier qui est une douzaine de personnes différentes dans une heure ? Au point de vue moral, nous devons dégénérer ; — mais ceci est un sujet dont il est prudent de s'écarter. » Oh, oh, cette peinture de M. Barrie à son bureau, nous en dit long sur ses nerfs et son imagination ! Plus loin je rencontre cette observation : « Il y a des écrivains qui peuvent faire le plan préliminaire de leur récit aussi clairement que s'il s'agissait d'un voyage en chemin de fer ; et jusqu'au bout ils restent fidèles à leur itinéraire. Je ne fus jamais l'un de ceux-là. Il est vrai que je cherche longtemps sur la carte la meilleure route et je la trace à l'encre rouge, mais au premier carrefour mes personnages s'égarent. « Revenez, » m'écriais-je « vous avez quitté la route. » « Nous préférons ce nouveau chemin ! » répondent-ils. Je prends une grosse voix pour leur dire : « Vous n'êtes que des personnages de roman et le roman est à moi. » Mais rarement ils reviennent, et, à moins que ce ne soit moi qui cède, nous cessons d'être amis, ce qui est fatal pour le livre... » Vous voyez que nous finissons par être renseignés même sur la composition secrète de M. Barrie.

*
* *

Thrums, disent les guides, est une petite ville de trois mille habitants. Je ne la visiterai sans doute jamais et je me fais une idée chaotique de ses rues, de ses jardins, du presbytère, des églises et des écoles ; j'oriente ses vallées tout de travers et je dois faire remonter les rivières vers leurs sources. Mais cela me suffit et je ne tiens pas aux corrections que je pourrais faire du haut d'*Une Fenêtre dans Thrums*. Il y a quelque dix ans je lus ce livre, l'un des débuts de M. Barrie, à la veille d'un voyage en Ecosse, lorsque je cherchais à me familiariser le avec « broad accent » et je retrouve dans mes notes cet échantillon d'humour : « Jimsy fut le grand poète de Thrums et consacra trente années de sa vie à un long poème épique ; le millénaire.[1] Il s'était voué à l'idée d'écrire une œuvre que le monde ne laisserait pas volontiers périr avec son auteur et il commença son livre avant d'avoir terminé son éducation. Autant que je puis croire il n'écrivit jamais une ligne qui ne devait pas figurer dans son poème... De son métier Jimsy était imprimeur. A mesure qu'il écrivit son livre, il imprimait et reliait les dix exemplaires du tirage complet... Le texte se trouve sur un seul côté de chaque page tirée à part comme un petit prospectus. Peu riche en caractères, Jimsy se trouvait souvent à court pour une lettre. L'e lui causa beaucoup d'ennuis. Ceux qui le connurent le mieux racontent qu'il essayait de penser avec des mots sans e, quand il n'y pouvait parvenir il faisait des coquilles avec des a et des o. Il savait composer correctement, mais dans le livre on trouve beucoup de lettres majuscules au milieu des mots et parfois

1. *Les mille ans avant le jugement dernier.*

il y a un point d'interrogation après « Hélas » ou « Malheur à moi » parce que les signes d'exclamations étaient déjà tous employés... » Malheureusement ce livre est écrit en écossais et n'est pas toujours d'accès facile même aux Anglais. A moins que vous n'ayez fait une étude spéciale sur le langage de la Jolie Fille de Perth, je ne vous en conseille pas la lecture.

On ne pourrait certainement pas en France publier ainsi un livre tout entier en patois. Chez nous l'écriture est bien plus homogène, bien moins variée. Même nous ne nous écartons jamais beaucoup du style classique ; de Maupassant à Anatole France la distance n'est pas très grande. Au contraire, quel énorme trajet sépare Addison, par exemple, de George Meredith ! C'est seulement dans la poésie lyrique que nous possédons un peu cette variété de la littérature anglaise. Il suffit, pour s'en rendre compte, de songer à Racine et aux chœurs d'Athalie, puis à Victor Hugo dans ses Orientales, à Leconte de Lisle, Sully-

Prudhomme et les Parnassiens, et enfin aux Symbolistes.

Ce manque de variété dans la littérature française, cette nappe d'uniformité semble s'étendre de plus en plus sur nos romans. Maupassant, dans sa préface de Pierre et Jean, détaille toute la gamme française qui va depuis Monte-Christo jusqu'à Rouge et Noir... Hélas, il semble aujourd'hui qu'à part de rares romans pastoraux comme ceux de M. René Bazin ou M. André Theuriet, des romans historiques, comme les Tronçons du Glaive des Margueritte, Saint-Cendre de M. Maindron, la plupart de nos œuvres de fiction soient sorties de quelque mystérieuse école normale où de savants professeurs ont extrait des œuvres de M. Bourget, de M. Prévost, de M. Paul Hervieu la psychologie rituelle et l'appareil ordinaire du Roman. Leurs jeunes élèves varient seulement les cadres : la ville d'eau mondaine, la garçonnière... ; si bien qu'en les lisant on croit les relire.

L'œuvre de M. Barrie, au contraire, paraît originale et l'on peut dire qu'il a créé des types qui se meuvent dans un cadre nouveau. Gavin Dishart est pasteur d'une des églises de Thrums et jamais congrégation de dévots écossais n'a montré plus d'enthousiasme pour son pasteur. Le ministre était tout petit, joli comme un Tanagra et l'on venait de trente milles à la ronde pour l'entendre : surtout ses sermons contre les femmes lui valurent la plus grande popularité dans le Comté. Malheureusement le petit ministre n'avait pas vingt-cinq ans et quand on parle contre les femmes à cet âge, on est bien près d'être amoureux ; hélas ! son cœur a été touché par une Bohémienne ! Et comme Rodrigue, le pauvre Gavin hésite entre son amour et son devoir, entre Babbie et sa congrégation. Bientôt ses ouailles se méfient, le surveillent et le surprennent par une horrible nuit d'orage au moment où devant le chef d'un campement de Bohémiens, il est marié « sur les pincettes » à Babbie l'Egyptienne. Indignation, colère, désespoir ; le terrible Lang Tammas, une sorte de sacristain-vicaire sonne à toute volée la cloche de l'Eglise convoquant les fidèles pour la déposition du pasteur indigne ; mais, tout à la fois, on apprend que la mystérieuse Bohémienne était fiancée à lord Rintoul et que le noble lord ainsi que le petit ministre se trouvent en danger de mort sur un îlot de sable qui se désagrège à vue d'œil au milieu d'un torrent débordé. La congrégation se rend en foule sur la rive. Je n'essaierai pas de raconter toutes les péripéties émouvantes et poétiques qui terminent le livre ; écoutez seulement le testament crié par le Petit Ministre à ses fidèles au milieu du fracas du torrent qui couvrait toutes les voix humaines, sauf celle de ce petit homme, le plus puissant prédicateur d'Ecosse au dire de Thrums : « Si vous m'entendez, levez les mains ! » La congrégation l'entendit et personne ne s'étonna que sa voix ait pu traverser le précipice. Le brouillard, qui s'enlevait, montra les fidèles faisant le geste commandé. Beaucoup de mains restèrent en l'air pendant quelque temps, car ils ne songeaient point à les abaisser tant était grande la frayeur tombée sur eux, comme si le Seigneur était proche...

« A chacun de mes aînés », cria Gavin « et à ma servante Jeanne je laisse un livre ; ils iront dans mon cabinet et le choisiront eux-mêmes.

« C'est mon désir que chaque famille de la congrégation possède un petit souvenir de moi. Vous direz cela à ma mère.

« Je dois cinq shillings à Hendry Munn pour avoir raccommodé mes souliers, et une somme un peu moindre à Baxter, le maçon. On trouvera chez moi deux livres sterling appartenant à Rob Dow qui m'avait demandé de les garder pour lui ! Je ne dois rien à aucune autre personne et vous vous en souviendrez si Matthew Cargill, le libraire ambulant, demande encore le prix d'un

Josèphe que je ne lui ai point acheté.....

« La prière de la semaine aura lieu, comme d'ordinaire, jeudi à huit heures, et les aînés d'entre vous officieront. Mr Carfrae ou Mr Trail me remplaceront dimanche si mon successeur n'a pas encore été élu.

« Je désire que M. Ogilvy, le maître d'école, et personne autre, soit chargé de préparer ma mère à la nouvelle de ma mort et de la lui annoncer. Vous lui direz que c'est ma requête solennelle : il devra accomplir sa mission sans trouble et avec bonne humeur.

« Mais si M. Ogilvy n'est plus de ce monde, la nouvelle sera apportée à ma mère par ma femme chérie. La nuit dernière j'ai été marié, dans la montagne, sur les pincettes, mais avec la sanction de Dieu, à celle que vous appelez la Bohémienne, et en dépit de ce qui est arrivé depuis et que vous saurez bientôt, je déclare ici solennellement qu'elle est mon épouse, et vous la chercherez au Château de Spittal ou ailleurs jusqu'à ce que vous la trouviez et vous lui direz de se rendre auprès de ma mère et de vivre avec elle, car ce sont les ordres de son époux. »

Il est difficile de montrer dans un raccourci plus saisissant toutes ces qualités écossaises : courage devant la mort, piété inaltérable, souci constant du bien d'autrui, affection peu bruyante mais profonde.

Il y a pourtant des exceptions à ce caractère national s'il faut en croire les deux livres admirables — Sentimental Tommy et Tommy and Grizel — qui nous font vivre l'histoire de Thomas Sandys. Cette fois M. Barrie a voulu nous exposer la psychologie d'un artiste et il l'a fait en homme qui s'y connaît ! Gilray et Marriot, les personnages sentimentaux de ce délicieux volume d'ironie « My Lady Nicotine » vont être recréés sous une forme plus puissante et tragique. Toutes les petites hontes qui se rencontrent dans le tempérament artistique sont habilement glanées et liées en lourde gerbe. Tommy est léger, superficiel ;

lorsqu'il arrive à la gloire il reste « un boy et toutes les ladies sont des girls ». Autour de tous ses amis il trace de pathétiques fictions et les larmes qui lui montent aux yeux, coulent pour ses fictions non pour ses amis. Toute crise du cœur humain, toute joie ou toute douleur, dont il est le témoin, deviennent pour lui matière à composition, à développement, et ses broderies imaginaires lui paraissent plus réelles que la réalité même. Sa vanité est prodigieuse : par elle, bien qu'il ne soit pas naturellement courageux, il peut accomplir des actes d'héroïsme et de stoïcisme; sans savoir nager il sauvera un enfant qui se noie dans un torrent; pour se faire plaindre ou admirer de Grizel, son amie d'enfance, il se donnera, de sang-froid, une entorse affreuse; par vanité encore il courra après lady Pippinworth dans le bois de Spittal et escaladera le mur du parc, où il doit trouver la mort. L'incapacité d'aimer est le châtiment tragique d'un pareil caractère : Tommy, qui sans cesse se trompe lui-même, avant de tromper autrui, peut se croire amoureux lorsqu'un obstacle le sépare de la femme qu'il pense aimer, par exemple si Grizel semble le repousser à cause de son caractère frivole et vaniteux, ou lorsque pour satisfaire sa conscience il soigne avec abnégation la pauvre femme devenue folle par sa faute. Mais de l'union des cœurs, de l'amour pour la femme le pauvre Tommy ne comprend rien.

En face de Sandys et dans la vive lumière du contraste se dresse l'une des plus nobles et des plus touchantes figures de la littérature anglaise : Grizel. Voici son portrait. « Ses yeux étaient très écartés et vous permettaient de regarder au fond de leurs prunelles sans jamais trembler, ils étaient si clairs, si chercheurs qu'ils semblaient toujours demander la vérité. Sa bouche au repos était peut-être dure, parce qu'elle se fermait nettement, mais souvent elle se plissait sur le côté d'une façon exquise lorsqu'elle souriait ou était chagrine ou sans aucun motif, simplement parce qu'elle ne pouvait retenir cette physionomie, reste d'expression enfantine qui avait oublié de vieillir. Alors tout ce qu'il y avait de personnel et de délicieux en elle semblait monter à ses lèvres, si bien qu'embrasser ce sourire convulsé de Grizel aurait été l'embrasser tout entière. Elle avait une étrange façon de faire de petites inclinaisons de tête pendant qu'elle parlait ; on en oubliait entièrement ce qu'elle disait, bien qu'elle désirât le contraire. Sa voix était riche et nuancée ; quand elle avait beaucoup de choses à dire elle bruissait comme un ruisseau pressé, mais sa note tendre demeurait dans le souvenir surtout au déclin des jours. Parfois elle avait l'air d'un garçon. Son allure vaillante, le maintien de sa tête, sa noble franchise semblaient appartenir à un jeune garçon qui aurait été prince et n'aurait jamais connu la crainte. » Tout le caractère de Grizel se trouve dans ce portrait. Grizel la fille adoptive du bon docteur Mac Queen et la meilleure de ses garde-malades, Grizel solitaire dans sa maison de Thrums, portant gaiement sa profonde douleur de l'abandon de Tommy, Grizel la singulière voyageuse en Suisse où elle est partie pour soigner Tommy qu'elle trouve bien portant et en train de courtiser lady Pippinworth, Grizel enfin qui aime tant les enfants et n'en aura jamais ! Pauvre Grizel, pendant sa courte folie elle voyait « un enfant vêtu de blanc qu'elle croyait poursuivre et ne pouvait jamais atteindre, » mais ce n'était pas un enfant de sa connaissance, « car il avait l'air si triste ! »

Avez-vous remarqué comme les écrivains anglais savent parler des enfants ? Daudet est peut-être le seul dans notre littérature qui ait su trouver cette tendresse déchirante des Dickens, des George Eliot [1], des Brontë, des Barrie. Oh, les beaux bébés anglais, si roses, si blancs, si potelés, poussant les cris joyeux de

1. The Mill on the Floss. — Jane Eyre.

cette langue chantée ! Avec une délicatesse de touche et une justesse incroyables, M. Barrie, dans Sentimental Tommy, nous a fait pénétrer dans ces âmes puériles, dans ces tendres intelligences, dans ces actions naïvement égoïstes ou sublimes avec inconscience. Grizel est la fille d'une pauvre femme qui, après avoir mené une vie légère, est devenue à moitié folle et presque poitrinaire ; on l'a surnommée la Dame Peinte, la Painted Lady ; elle vit à l'écart ; les gens de Thrums évitent de lui adresser la parole et les gamins de la ville font hou hou, en la voyant. Et la pauvre Painted Lady va mourir seule, sans soins derniers, sans que personne l'ensevelisse dans son linceul. Heureusement sa fille se nomme Grizel, la petite Grizel, qui vient d'atteindre ses onze ans. La fillette demande au docteur Mac Queen la permission de soigner un pauvre homme qui va mourir et quand elle est installée dans sa garde elle lui pose toutes sortes de questions : Comment sait-il que l'homme va mourir? Que compte-t-il tout bas en lui prenant le poignet? Qu'écoute-t-il donc quand il frappe sur la poitrine? Est-ce qu'on n'est pas en danger de mort aussi longtemps qu'on peut se lever, s'habiller et sortir? Sait-on si l'on va mourir? Si on ne le sait pas, est-ce un signe qu'on n'est pas très malade? Et les soins que donne Grizel au moribond sont parfaits : personne ne sait comme elle, lui faire prendre un remède ou dresser son oreiller ; si bien que le malade va mieux et le docteur pense un instant qu'il va guérir. Il le dit à Grizel en la félicitant ; mais la fillette est désappointée : « Vous m'aviez dit qu'il était sûr de mourir ! » fit-elle avec reproche. Enfin il meurt et Grizel obtient encore la permission de l'ensevelir suivant les indications du médecin et sans le secours de personne. Alors elle est heureuse. Et quelques semaines plus tard quand sa mère, la Dame Peinte, va mourir, elle saura la soigner et l'ensevelir toute seule !

Vous voyez déjà qu'il est urgent de traduire en français — et de traduire dignement — *Tommy and Grizel*. Laissez-moi ajouter qu'il n'y a presque pas de longueur dans ces romans, la composition du récit est parfaite, le style est si travaillé qu'il a l'air tout simple, l'ironie semble maniée par Alphonse Daudet et seulement deux ou trois traits d'humour m'ont paru un peu forcés. Je serai fier si j'ai contribué à faire connaître en France un pareil écrivain.

BIBLIOGRAPHIE. — Better Dead, 1887; Auld Licht Idylls; An Edinburgh Eleven; When a Man's Single, 1888; A Window in Thrums, 1889; My Lady Nicotine, 1890; The Little Minister, 1891; Sentimental Tommy; Margaret Ogilvy, 1896; Tommy and Grizel, 1900. — Comme auteur dramatique M. Barrie a fait jouer : The Professor's Love Story, 1895; The Little Minister, 1897; The Wedding Guest, 1900.

FIN

APPENDICE

NOTE

COMMENT ON ÉCRIT L'HISTOIRE EN ANGLETERRE

De temps en temps on rencontre dans la presse française des allusions à la partialité des livres d'histoires destinés à la jeunesse des écoles anglaises ; mais je ne sache pas qu'on ait jamais dressé un tableau de quelques-unes des divergences entre les récits français et les récits anglais. J'espère fournir ici sur ce sujet un document sérieux.

Certes il serait intéressant d'établir pour toute l'histoire une synthèse des différences entre les historiens scolaires des deux nations ; mais dans cette simple note j'ai préféré me borner à quelques points intéressants : Duguesclin dans la première période de la guerre de Cent Ans ; — Jeanne d'Arc dans la deuxième période de la guerre de Cent Ans ; — Blenheim sous Louis XIV ; — Dettingen et Fontenoy ; — Sainte-Hélène.

Sur chacun de ces points j'ai commencé par donner le récit français emprunté à un de nos livres classiques : j'ai changé plusieurs fois d'auteur pour élargir le champ de comparaison ; mais cette précaution était inutile, l'accord étant presque parfait sur les points choisis entre les ouvrages publiés sous la direction de M. Duruy et ceux édités par M. G. Monod, entre les précis de MM. Blanchet, Guillot, Dufayard, Corréard...... Après la version française j'ai donné cinq textes empruntés à des auteurs anglais : 1° L'Histoire d'Angleterre de *Corner* depuis les temps les plus reculés jusqu'à nos jours ; revue pour les écoles et les jeunes gens des deux sexes ; éditée par James Johnson. L'exemplaire que je possède depuis plusieurs années appartient au 101e mille ; à la fin du volume on lit de nombreuses citations élogieuses de la presse anglaise pour les ouvrages de miss Corner : il est certain que cette History of England a obtenu une circulation considérable. 2° L'histoire d'Angleterre du Petit Arthur ; exemple de ces récits historiques à l'usage des petits John Bulls. 3° L'History of England for Junior Classes nous offre une sorte de tableau synoptique permettant une étude rapide à la veille d'un examen. 4° Courte Histoire d'Angleterre par Ransome et 5° The Student's Hume, abréviation de Hume par S. J. Brewer, m'ont été indiqués par deux professeurs d'histoire à Londres comme correspondant le mieux à nos ouvrages classiques pour la préparation du baccalauréat.

Si je m'étais borné à cette comparaison, on aurait pu me répondre : « Oui, les divergences sont plutôt considérables entre les récits des deux nations. Mais où se trouve la vérité? » S'il fallait remonter aux sources, instituer un procès historique, la preuve de la mauvaise foi britannique deviendrait en effet longue à administrer. Heureusement l'Angleterre a produit des historiens comme Hume, Smollett, Macaulay, Froude, Lecky, Green, Gardiner, qui ont mis généralement leur intelligence sagace et leur puissance de travail au service de la loyauté historique. A la fin de mes citations je donne comme référence un de ces grands historiens dont le récit est conforme au récit français [1].

1° Duguesclin.

Je n'indique que pour mémoire le nom du grand connétable qui termina victorieusement la première partie de la guerre de Cent Ans. Les cinq historiens

1. Nous avons d'ordinaire pris comme texte de comparaison les ouvrages de Green et de Lecky, parce qu'ils sont plus récents.

anglais que je cite, *après avoir raconté avec force détails les batailles de Crécy et de Poitiers* et mentionné tous les succès du Prince Noir, bien connu de tous les élèves français, se débarrassent en quelques lignes de la période des défaites. Le nom de Duguesclin *ne se trouve cité nulle part* et j'ai pu me rendre compte en Angleterre qu'il est presque complètement inconnu de la nation britannique.

2° Jeanne d'Arc.

Texte de P. Bondois et Ch. Dufayard. — (Vendue par les Bourguignons aux Anglais, Jeanne fut jugée à Rouen par un tribunal d'ecclésiastiques, sous la présidence de Pierre Cauchon, évêque de Beauvais.) Les Anglais murmuraient des longs délais de ce tribunal, Pierre Cauchon finit par présenter à Jeanne une rétractation en quatre articles... Le 24 mai (1431) on la conduisit au cimetière de Saint-Ouen où, sur la menace du bûcher, elle consentit à tracer, au bas de la formule d'abjuration, les lettres de son nom qu'on lui fit écrire en lui tenant la main. Alors elle fut condamnée à une détention perpétuelle, au pain de douleur et à l'eau d'angoisse, pour pleurer ses péchés. Les Anglais, exaspérés de cette sentence, jetaient des pierres aux juges, leur reprochaient de ne pas gagner l'argent du roi. « Milord, ne soyez pas en peine, dit Cauchon à Warwick, nous la retrouverons. »

On enleva, en effet, à la malheureuse ses vêtements de femme (pendant son sommeil) pour l'obliger à reprendre ses habits d'homme, contrairement aux ordres de l'Eglise. Cauchon accourut aussitôt pour constater son crime... En même temps Jeanne déclara qu'elle ne s'était rétractée que par crainte du feu... Elle fut condamnée à être brûlée vive. Le mercredi 30 mai 1431, frère Martin Ladvenu vint trouver Jeanne pour la préparer à la mort Quand elle apprit qu'elle allait mourir par le feu, la pauvre fille fondit en larmes. « Evêque, dit-elle à Cauchon, je meurs par vous, j'en appelle de vous à Dieu ! » Puis elle se confessa et communia, pendant que les assistants récitaient les prières des agonisants. On lui passa la chemise longue des suppliciés, on la coiffa d'une mitre sur laquelle on lisait : « Hérétique, relapse, apostate, idolâtre »... Le bourreau mit le feu au bûcher. « Alors la nature pâtit et la chair se troubla ; elle cria de nouveau : « O Rouen, tu seras donc ma dernière demeure ! »... Quand les flammes l'enveloppèrent, on l'entendit s'écrier : « Mon Dieu ! Jésus ! Marie ! Mes voix ! Mes voix ! » Enfin, laissant tomber sa tête, elle poussa un dernier cri : « Jésus ! » Dix mille hommes pleuraient ; un Anglais disait : « Nous sommes perdus, nous avons brûlé une sainte ! »

Corner. — Voici comment l'historien se débarrasse de la fin de la guerre de Cent Ans : « Cette guerre est mémorable pour la part qu'y prit la Pucelle d'Orléans; à laquelle, plus qu'à tout autre, Charles VII dut sa restauration; *mais les événements de la guerre en France appartiennent à l'histoire de cette nation*, et il suffit de dire ici que durant la minorité d'Henri VI tous les territoires conquis par son père, *au prix de milliers d'existences et d'immenses sommes d'argent*, furent repris par les Français; si bien que Henri V tire sa renommée héroïque d'une conquête inutile. »

— L'auteur a raconté assez longuement les victoires anglaises, mais la période des défaites tient, on le voit, en dix lignes. Ce qu'il y a de plus amusant, c'est le regret ingénu pour le sang britannique et l'argent anglais dépensés inutilement.

Little Arthur's History. — Le récit est correct.

History for Junior Classes. — ...« Quelques mois après Jeanne d'Arc fut faite prisonnière et fut vendue au régent d'Angleterre. Après douze mois d'emprisonnement elle fut brûlée comme sorcière sur la Place du Marché de Rouen. »

— Evidemment le jeune Anglais qui lit ce récit en conclut que ses ancêtres ont bien fait de brûler une sorcière sur la Place du Marché de Rouen.

Ransome. — « L'effort des Français n'eut pas de durée, la Pucelle d'Orléans fut capturée et brûlée comme hérétique, et sept années s'écoulèrent avant que les Français ne fissent aucun progrès dans leur lutte contre les envahisseurs. »

— C'est tout. L'ouvrage de M. Ransome compte

environ 500 pages et chaque page contient autant de texte qu'une page de la Revue des Deux-Mondes. De plus la phrase : « sept années s'écoulèrent..., » renferme une monstrueuse erreur historique. « La mort de Jeanne d'Arc fut loin de servir la cause anglaise, » disent MM. Bondois et Dufayard, « vainement Winchester fit couronner le jeune Henri VI à Paris. Partout les Français reprirent l'avantage. Le maréchal de Boussac s'avança jusqu'à Rouen, Dunois entra à Chartres ; La Hire et Xaintrailles furent vainqueurs à Gerberoy et s'établirent à Saint-Denis. En même temps Philippe de Bourgogne se détachait de l'Angleterre. » D'ailleurs le traité d'Arras est de 1435.

The Student's Hume. — « Jeanne, qui avait supporté ses interrogatoires avec une étonnante fermeté, faiblit enfin. *Elle se déclara prête à se rétracter*, elle reconnut que ses prétentions à une mission divine étaient illusoires et promit de ne plus jamais les émettre. Alors sa sentence fut adoucie : elle fut condamnée à la prison perpétuelle avec pour nourriture du pain et de l'eau. Mais cette victoire ne satisfaisait pas la vengeance barbare des ennemis de Jeanne. Ils placèrent dans sa chambre une de ses armures de bataille. *En voyant un accoutrement dans lequel elle avait acquis tant de renommée et qu'elle avait cru autrefois porter pour une mission céleste, son ancien enthousiasme se réveilla. Elle se hasarda pendant qu'elle était seule à revêtir le costume défendu.* Ses ennemis la surprirent à ce moment ; sa faute fut interprétée comme une rechute dans l'hérésie. Aucune rétractation ne pouvait plus suffire et aucun pardon ne pouvait lui être accordé. Elle fut condamnée à être brûlée sur la Place du Marché de Rouen et la sentence infamante fut exécutée (30 mai 1431). »

M. S. J. Brewer a supprimé dans le texte original de Hume un assez grand nombre de phrases pleines de sympathie et d'enthousiasme pour Jeanne d'Arc. De plus, certaines coupures relatives à la rétractation de notre héroïne nationale présentent cet événement sous un jour fâcheux. Enfin il faut remarquer que *The History of England from Julius Caesar tho the Accession of Henry VII* fut publiée en 1762 : depuis cette époque l'*histoire des vêtements* a été établie et l'abréviateur de Hume aurait pu l'incorporer dans le texte au lieu de la dissimuler dans une note. — Il est important d'écrire correctement cette histoire ; car elle est une des causes de la malheureuse hostilité qui sépare les deux grandes nations anglaise et française. Le 30 mai 1431 Winchester, qui de l'une des trois estrades dressées sur la Place du Vieux-Marché, assistait à l'exécution aurait pu dire comme 124 ans plus tard Latimer sur le bûcher d Oxford : « Nous avons allumé aujourd'hui grâce à Dieu, une flamme telle que personne ne pourra l'éteindre! »

Cf. *Green, A short History of the English People*. London, Macmillan, 1893. Vol. II, p. 542.–Entièrement conforme au récit français.

Depuis la fin de la guerre de Cent Ans l'Angleterre n'a presque jamais attaqué seule la France : elle est entrée dans des coalitions ou bien en a soulevé contre nous. Ce point n'est pas mis en lumière dans les Histoires anglaises.

Pendant les guerres de Louis XIV, Guerre de la Ligue d'Augsbourg, Guerre de la Succession d'Espagne, nous ne prendrons pas pour sujet de comparaison un récit de victoire comme Steinkerque, Nerwinden, les victoires navales du Cap Bévéziers, de la rade de Lagos, la bataille d'Almanza, ou celle de Denain gagnée, comme on sait, par Villars sur le prince Eugène par suite du désastre des troupes anglaises sous les ordres du comte d'Albermale. Nous choisirons une défaite afin de voir si les auteurs classiques français cherchent à les atténuer ou à en rejeter la responsabilité sur leurs alliés.

8° Hochstett-Blenheim (1704).

Texte de MM. Guillot et Dufayard. — En Allemagne, Marsin avait pris, à la place de Villars, le commandement de l'armée française et Tallard avait réussi à lui amener des renforts. Tous deux éprouvèrent à Hochstett une épouvantable défaite, due à une habile manœuvre des coalisés.

Marlborough et le prince Eugène, venus le premier des Pays-Bas, le second d'Italie, rejoignirent sur le Danube, près de Donauwerth, l'armée du prince de Bade. Tallard opposé à Marlborough, laissa immobilisés dans Blenheim 27 bataillons qui se rendirent sans avoir pris part à l'action. Marsin qui avait repoussé les troupes du prince Eugène, craignit d'être entouré et battit en retraite sur Ulm sans être inquiété. Marlborough et le prince Eugène rejoignirent ensuite leurs armées des Pays-Bas et d'Italie. Marlborough devint prince d'Empire et reçut des fiefs en Souabe. Anne Stuart lui fit don d'un domaine pour y bâtir un château qui devait porter le nom de Blenheim. Enfin l'Empereur fit élever sur le champ de bataille une colonne où fut gravée une inscription humiliante pour Louis XIV.

Corner. — « Le duc de Marlborough *était le grand général de ce temps-là*, et gagna beaucoup de batailles en Allemagne, entre autres celles de Blenheim et Ramillies qui devinrent les plus célèbres et furent à Londres l'occasion d'illuminations et autres réjouissances. On voit par là que le peuple était ébloui par le mot victoire et ne cherchait pas à savoir quel avantage matériel en était résulté. »

Le grand général de ce temps-là? Corner aurait pu ajouter l'adjectif qualificatif : Anglais. Il est douteux que Marlborough soit un plus grand général que Condé et Turenne ou même que Luxembourg et Villars. En outre l'auteur ne croit pas que l'Angleterre ait tiré aucun avantage de la victoire de Blenheim !

Little Arthur's. — Les Anglais devaient traverser un petit ruisseau pour attaquer les Français qui tinrent bon pendant quelque temps. Mais un si grand nombre d'entre eux furent pris que le reste commença à s'enfuir. Quelques-uns furent noyés dans le Danube et beaucoup furent faits prisonniers. Leur général, Tallard, se trouvait parmi ces derniers. Le combat dura six heures par une journée très chaude. Un boulet de canon faillit atteindre le duc de Marlborough au début de l'action : il frappa la terre si près de lui qu'un nuage de poussière le cacha pendant quelques minutes aux yeux de ceux qui l'entouraient. Les Anglais, les Allemands et les Hollandais prirent tous les canons, l'argent et les vivres de l'armée française sans parler d'un grand nombre de prisonniers. Il y eut plus de 12.000 Français tués et beaucoup de blessés. Les pertes furent environ moindres de moitié du côté des Anglais, Hollandais et Allemands.

Ce fut une bonne bataille, *car elle sauva beaucoup de contrées du gouvernement cruel que Louis XIV établissait partout où il était vainqueur.*

The Student's Hume. — Le récit est conforme au texte français, mais une autre histoire anglaise que nous avons consultée quelquefois, celle de M. F. Collier déclare (p. 347) : « *La perte des vaincus ne peut avoir été moindre de 35,000 hommes.* Marlborough perdit environ 12,000 hommes. » L'auteur veut-il dire

35,000 morts? voilà qui rappelle les hécatombes de Shakespeare dans King John ou dans Henry V. — Les historiens français estiment à 12,000 environ le nombre des morts et blessés du côté des vaincus. En outre 27 bataillons d'infanterie et 12 escadrons de dragons furent forcés de se rendre.

Le récit de Green (p. 1555) est conforme à la version française.

4° Dettingen et Fontenoy (1743 & 1745).

Texte de MM. Guillot et Dufayard.

Au mois de mai, George II vint aux Pays-Bas se mettre à la tête d'une armée d'Anglais, de Hollandais et de Hanovriens. Il voulait se jeter entre la France et la Bavière pendant que les Autrichiens marcheraient sur Munich. Tandis que l'armée franco-bavaroise de Seckendorf et de Broglie se rabattait sur le Danube, une deuxième armée française sous la direction du maréchal de Noailles fut dirigée vers le Mein afin d'arrêter les Anglais. Noailles rencontra l'ennemi à Dettingen. Il prit d'habiles dispositions, enferma les Anglais dans une étroite vallée que dominaient les hauteurs du Spessart et se mit à les canonner vigoureusement. Malheureusement, quand son neveu, le jeune duc de Grammont, vit l'ennemi déboucher devant Dettingen, il se jeta en avant comme un fou, obligea les batteries françaises à cesser le feu et permit à George II de battre en retraite. La journée restait indécise, mais Noailles, menacé d'être pris entre George II et Charles de Lorraine, n'en dut pas moins se replier jusqu'en Alsace.

Ransome. — Le premier combat important eut lieu dans la vallée du Mein en 1743. Les alliés se rendaient d'Aschaffenbourg à Hanau où Noailles dépêcha secrètement un corps de troupes sous les ordres de son neveu. Ils traversèrent la rivière et se saisirent du défilé de Dettingen par où l'armée anglaise devait passer. Heureusement l'impatience de Grammont lui fit attaquer les Anglais avant que son oncle n'eut le temps de le soutenir et il subit *une terrible défaite*. Les alliés conduits par le roi George en personne repoussèrent à la pointe de la baïonnette et jusqu'au delà de la rivière les troupes de Grammont. Ce fut la dernière bataille à laquelle assista un roi d'Angleterre. *Cette victoire* donna un crédit considérable au gouvernement.

Le récit du *Hume's Student* est à peu près conforme à la version française.

Cf. Lecky *History of England in the XVIII*[the] *Century.* I, p. 406. Il emploie bien le mot *victory* mais entouré d'explications loyales.

Green, p. 1622. Récit conforme à la version française.

Texte français de la bataille de Fontenoy de Guillot et Dufayard. — Avec 75,000 hommes, Maurice de Saxe avait à combattre les troupes de Cumberland, du prince de Valdeck et de Koenigseck. Le 11 mai, les deux armées se trouvèrent en présence et la bataille commença. Après une violente canonnade l'ennemi aborda les positions françaises qui s'étendaient sur l'Escaut autour de Fontenoy; il échoua partout. Alors Cumberland forma l'infanterie anglo-allemande en colonne et chargea notre centre. C'était un coup de désespoir, mais il faillit assurer la victoire. Les Anglais arrivèrent bientôt en face des gardes françaises. « Tirez, messieurs! » dit lord Charles Hay, « Non, monsieur, répondit le comte d'Artenoche, nous ne tirons jamais les premiers. » Cette réponse d'ailleurs n'était pas un simple raffinement de courtoisie élégante : les Français ne faisaient que se conformer aux règles militaires d'une époque où l'on admettait « que toute l'infanterie qui tire la première est indubitablement battue. » Il en coûta cher aux Français, car la première décharge emporta toute notre première ligne et jeta le désordre dans le reste de l'armée. La colonne continua à s'avancer lentement, renversant tout ce qui cherchait à l'arrêter. Maurice, heureusement, ne perdit pas son sang-froid ordinaire. Il supplia d'abord le roi de se retirer derrière l'Escaut : Louis XV refusa bravement. Le maréchal réunit alors toutes les forces disponibles, et les jeta toutes à la fois sur la colonne anglaise.

Une manœuvre très simple, dont Richelieu s'attribue l'honneur, mais qui paraît revenir au capitaine Isnard, allait précipiter les événements. On amena rapidement 4 canons qui se trouvaient sur le pont de Calonne et on les pointa contre l'ennemi déjà démoralisé. L'effet fut terrible et les Anglais décimés furent repoussés jusqu'à Vesou. Les alliés avaient perdu 14,000 hommes, les Français 7,000.

Corner. — Tous les historiens pour les « Classes élémentaires » *ne mentionnent pas Fontenoy*. Ils se contentent de parler de Dettingen qu'ils présentent comme une victoire anglaise.

Ransome. — Les deux armées se rencontrèrent à Fontenoy. Les alliés étaient sous les ordres du jeune duc de Cumberland que conseillait le maréchal Konigsegg. Louis XV en personne se trouvait du côté des Français. *Les soldats anglais avec la plus grande bravoure forcèrent leur chemin jusqu'au centre de l'armée française; mais les Hessois s'enfuirent et les Hollandais refusèrent d'avancer. Ils furent donc obligés de battre en retraite au moment où la victoire devait leur appartenir.* En conséquence les alliés furent vaincus, mais la magnifique attaque des Anglais et des *Hanovriens* fut longtemps rappelée avec orgueil.

Remarque. — On voit que si les Anglais ont été battus c'est uniquement la faute de leurs alliés. Ransome fait une exception pour les Hanovriens :

c'est sans doute un compliment à la maison de Hanovre.

The Student's Hume. — L'armée française forte de 76,000 hommes, sous les ordres du maréchal de Saxe, occupait *une forte position*, auprès de Fontenoy ; l'armée des alliés comptait seulement 50,000 *hommes dont* 28,000 *Anglais et Hanovriens. Néanmoins* les lignes françaises auraient été emportées par les Anglais et les Hanovriens, sous la conduite du duc de Cumberland et de lord Ligonier, son professeur d'art militaire, *sans la fuite honteuse des Hollandais. Les Anglais se retirèrent en bon ordre sur Ath.*

Remarque. — Les chiffres des effectifs étaient 75,000 hommes du côté français et 60,000 du côté des alliés.

Les récits, de Lecky et de Green sont conformes à la version française.

5° Sainte-Hélène [1].

Texte de Désiré Blanchet. — Napoléon écrivit au prince régent d'Angleterre la lettre suivante : « Al-

1. Pour donner une idée de la façon dont on raconte la bataille de Waterloo en Angleterre, je cite cette phrase de M. Barrie : « The words arrive like Blücher when the engagement is over. » « Les mots arrivent, comme

-esse royale, en butte aux factions qui divisent mon pays et à l'inimitié des plus grandes puissances de l'Europe, j'ai consommé ma carrière politique. Je viens, comme Thémistocle, m'asseoir au foyer du peuple britannique. Je me mets sous la protection de ses lois, que je réclame de votre Altesse royale, comme celle du plus puissant, du plus constant, du plus généreux de mes ennemis. » Le 15 juillet, Napoléon se rendit à bord du *Bellérophon* et fut aussitôt transporté en Angleterre.

L'Angleterre considéra Napoléon comme prisonnier de guerre, et lui assigna pour résidence ou plutôt pour prison, l'île de Sainte-Hélène. C'est là sur le plateau désert de Longwood, à deux mille lieues du continent européen, sous la garde de Sir Hudson Lowe, que se passèrent les six dernières années de celui qui avait été le maître du monde... Napoléon mourut le 5 mai 1821. « Je lègue, dit-il, l'opprobre de ma mort à la maison régnante d'Angleterre. »

Corner. — La mémorable bataille de Waterloo, livrée en juin 1815, dans une plaine auprès de Bruxelles, mit fin à la lutte. *Bonaparte* (Corner lui refuse toujours le titre de Napoléon, — comme les

---

Blucher, après la bataille. » J'engage sincèrement M Barrie à lire un récit allemand de Waterloo ou plutôt le récit de M. H. Houssaye qui est le plus impartial et le plus exact.

historiens de la Restauration !) fut complètement battu et *ayant fui du champ de bataille, se rendit aux Anglais en allant à bord d'un navire de guerre britannique.* Il fut banni à l'île de Sainte-Hélène où il mourut quelques années plus tard.

Little Arthur's. — *Le plus grand général de notre temps fut le duc de Wellington* qui mit fin à cette triste et interminable guerre par sa grande victoire sur les Français commandés par Napoléon lui-même... *Après la bataille de Waterloo, Napoléon Bonaparte fut gardé comme prisonnier dans l'île de Sainte-Hélène* jusqu'à sa mort... Notre bon roi George III mourut peu de temps après.

— Il est cependant probable que la postérité considérera Napoléon comme un bien plus grand général que Wellington.

History for Junior classes. — Après la bataille de Waterloo, *Napoléon se rendit à la merci de l'Angleterre.*

Ransome. — Napoléon lui-même s'enfuit d'abord à Paris, puis à Rochefort où *il se rendit au capitaine d'un bâtiment* de guerre anglais. Suivant l'assentiment général de l'Europe, il fut transporté à l'île lointaine de Sainte-Hélène où il mourut en 1821.

The Student's Hume. — Cependant Napoléon arriva à Rochefort (2 juillet). Mais trouvant toute espérance de fuite détruite par les nombreux croiseurs britanniques, *il se rendit au capitaine Maitland, à bord du Bellérophon.* Il avait écrit auparavant au prince régent, en demandant la protection de la nation britannique et en se comparant à Thémistocle lorsqu'il vint chercher l'hospitalité d'Admète. Le capitaine Maitland *lui fit comprendre qu'il ne pouvait rien lui promettre sur la façon dont il serait accueilli* (faux), et qu'il se chargeait seulement de le conduire sain et sauf en Angleterre. Maitland reçut l'ordre de se rendre à Plymouth et de ne permettre aucune communication avec la terre. La décision des alliés fut portée à la connaissance de Napoléon (31 juillet) et le 7 du mois d'août il fut embarqué sur le *Northumberland*, vaisseau amiral de sir G. Cockburn et transporté à Sainte-Hélène. Il devait y languir jusqu'à sa mort (5 mai 1821). Il fut sans conteste le plus grand général des temps modernes et il avait pris toutes les capitales importantes en Europe, sauf Londres : *mais il manquait des qualités qui font un grand homme, et en particulier de dignité et de force d'âme dans la mauvaise fortune.*

On voit que nos braves Anglais s'imaginent que Napoléon s'est rendu prisonnier à leur discrétion. Il est même probable que le petit Arthur croit que l'ennemi de sa nation fut capturé à Waterloo. Pourtant la vérité est bien différente. Lorsque Napoléon écrivit sa lettre au prince régent il avait abdiqué et n'était qu'un simple citoyen français. Comme le remarque M. Filon il n'était pour l'Angleterre « ni un sujet rebelle, ni un prisonnier de guerre, ni un criminel condamné par aucun tribunal de droit commun. » Il demandait l'hospitalité ; sans lui donner de réponse formelle, le gouvernement britannique lui fit concevoir des espérances trompeuses et nous renvoyons au récit des négociations dans l'histoire de M. Thiers. Lorsque le grand vaincu fut aux mains de ses hôtes, il fut mis en prison : il était victime d'un guet-apens. Pour qu'il ne manquât pas un fleuron à sa couronne de honte, le gouvernement du « bon roi George III » s'amusa à persécuter sa victime par d'odieuses tracasseries. A ce sujet il faut citer la conduite de l'amiral Cockburn qui nous vaut cette réflexion de *Lord Rosebery* : « Nous étions loin des temps du Prince Noir, alors qu'un autre souverain de France était notre prisonnier ! » Il faudrait encore parler de sir Hudson Lowe que les histoires anglaises oublient généralement de nommer. « Il est peu de noms, dans l'histoire, aussi malheureux que celui de Lowe » déclare lord Rosebery. « Sir Hudson Lowe » a dit le duc de Wellington « était un choix » détestable. Il manquait à la fois d'éducation et de » jugement. C'était un sot qui ne connaissait rien du » monde, il était soupçonneux et jaloux. » Une telle » opinion dans la bouche de Wellington, vaut la » peine d'être retenue, car il n'était pas un ennemi » généreux. » (Lord Rosebery : *Le dernière Phase.* Trad. Aug. Filon.)

Je comprends qu'une fois maîtresse de Napoléon,

l'Angleterre ait été tentée de le mettre dans l'impossibilité de lui nuire, surtout après l'expérience de l'île d'Elbe. Mais les écrivains anglais devraient avoir la pudeur de s'exprimer comme l'ancien premier ministre, lord Rosebery : « Si c'était possible » nous voudrions ignorer tout ce qui a été écrit sur » ce sujet : car c'est une lecture particulièrement pénible pour un Anglais. Il ne peut s'empêcher de » regretter que son gouvernement se soit chargé de la » garde de Napoléon, et plus encore, que cette tâche » ait été remplie dans un esprit aussi méprisable » et par d'aussi malencontreux agents. Si Sainte-» Hélène rappelle de cruels souvenirs aux Français, » bien plus cruels encore sont ceux que ce nom éveille » parmi nous. »

Hélas, je ne crois pas que ces sentiments se trouvent chez « l'homme dans la rue », cet Anglais de la classe moyenne dont l'opinion et le vote ont tant d'importance : bien plutôt, il est fier de Sainte-Hélène comme d'une victoire de plus à inscrire dans ce petit manuel d'histoire, qui lui a représenté l'Angleterre partout et toujours victorieuse; — sauf en Amérique parce qu'elle combattait son propre sang. Et quand cet Anglais vient se promener sur le continent, il s'étonne qu'on le juge en France, en Allemagne, en Italie, partout, arrogant et ridicule. Il s'aveugle sur son propre compte. Un dangereux vent d'impérialisme vient de s'élever Outre-Manche ; il soufflera en tempête et couvrira le monde de ruines quand l'évolution politique anglaise aura complété le triomphe de la démocratie. — Alors la sotte fatuité des Corner et autres trouvera sa part de responsabilité.

FIN DE L'APPENDICE

INDEX

A

B

C

D

E

F

I

J

K

L

M

N

O

P

R

S

T

V

W

Y

Z

FIN DE L'INDEX

TABLE

POÈTES.

CRITIQUES, ESSAYISTES.

HISTORIENS, ECONOMISTES.

Imprimerie générale de Châtillon-s-Seine. — A. PICHAT.

www.ingramcontent.com/pod-product-compliance
Ingram Content Group UK Ltd.
Pitfield, Milton Keynes, MK11 3LW, UK
UKHW020603230726
13926UKWH00005B/2159

9 782013 600361